Otto Bähr

Der deutsche Zivilprozess in praktischer Betätigung

Otto Bähr

Der deutsche Zivilprozess in praktischer Betätigung

ISBN/EAN: 9783744605632

Hergestellt in Europa, USA, Kanada, Australien, Japan

Cover: Foto ©Suzi / pixelio.de

Weitere Bücher finden Sie auf **www.hansebooks.com**

Der

deutsche Civilprozeß

in praktischer Bethätigung

von

Dr. O. Bähr,

Reichsgerichtsrath a. D.

(Separat-Abdruck aus Jherings Jahrbüchern für die Dogmatik des heutigen römischen und deutschen Privatrechts. Bd. XXIII. N. F. XI.)

Jena,

Verlag von Gustav Fischer
1885.

So wie die wirthschaftliche Gesetzgebung Deutschlands und Preußens mit dem Jahre 1878, so gelangte auch die Gesetzgebung auf dem Gebiete der Rechtspflege mit dem 1. Oktober 1879 zu einem gewissen Abschluß. Kurze Zeit nachher schied der Hauptvertreter dieser Periode auf juristischem Gebiete, Staatsminister Leonhardt, aus dem Dienst und bald darauf auch aus dem Leben. Seit dem 1. Oktober 1879 sind fast sechs Jahre verflossen. Die seitdem gemachten Erfahrungen haben zur Klärung der Anschauungen vieles beigetragen. Wir können daher jene Periode bereits als geschichtlich geworden betrachten. Wir sind im Stande, uns auf einen freien, objektiven Standpunkt derselben gegenüber zu stellen.

Für das wichtigste Gesetz jener Periode halte ich die deutsche Civilproceßordnung. Nicht wegen ihrer unmittelbaren Wirksamkeit. Denn schließlich ist es für das große Ganze im Augenblick von keinem erheblichen Belang, ob einige Processe mehr oder minder gerecht entschieden werden. Wohl aber deshalb, weil die Civilrechtsprechung die Schule für die gesammte Justiz, die Justiz aber wieder die Schule für einen großen Theil des höheren Beamtenstandes bildet. Die wichtige Be-

1

deutung der Civilproceßordnung liegt hiernach in der Erziehung, die sie dem Juristenstand und mittelbar dem Beamtenstand über= haupt ertheilt. Solche Gesetze aber, welche auf die gesammte Erziehung des Volkes oder einzelner wichtiger Theile desselben wirken, üben einen weit tiefer greifenden Einfluß aus, als man im ersten Augenblick merkt. Ihre eigentliche Wirksamkeit zeigt sich erst nach Jahrzehnten oder nach einem Menschenalter. Dann aber macht sie sich um so tiefer fühlbar, als es, auch wenn man Mittel der Umkehr in Bewegung setzt, doch min= destens eines gleichen Zeitraumes bedarf, um ihre Wirkungen wieder aus der Welt zu schaffen.

Die Civilproceßordnung war das eigenste Werk des Mi= nister Leonhardt. Er hat bei ihr, bis auf einen einzigen, aller= dings schwerwiegenden Punkt, in allen wichtigen Fragen seine Ansichten durchgeführt. Für die Beurtheilung dieses Werkes wird es daher dienlich sein, einen etwas weiteren Gesichtskreis zu beschreiten und die gesammte Thätigkeit des Minister Leon= hardt auf dem Gebiete der Gesetzgebung in Betracht zu ziehen.

I.

Minister Leonhardt, dessen Bildungsgang hier kurze Er= wähnung finden mag, war nach dem Vorbereitungsdienst zu= nächst Anwalt geworden und hatte als solcher mehrere Jahre mit Auszeichnung gedient. Im J. 1848 wurde er als Refe= rent in das hannoversche Justizministerium berufen, wo er nach französischem Muster die hannoversche Proceßordnung be= arbeitete; ein Werk, welches seinen Ruhm theils seiner Form= vollendung, theils dem Umstande verdankt, daß es für Han= nover, welches bis dahin in den kläglichsten Proceßzuständen sich bewegt hatte, ohne Zweifel einen großen Fortschritt enthielt. Im J. 1865 wurde Leonhardt hannoverscher Justizminister und als solcher in die Katastrophe des Jahres 1866 verwickelt. Aber schon im December 1866 wurde er von der preußischen Regierung zum Vizepräsidenten des Oberappellationsgerichts in Celle ernannt. Am 1. September 1867 trat er als erster Präsident in das neuerrichtete Oberappellationsgericht zu Berlin, woselbst Schreiber dieses ihm als Richter zur Seite saß. Drei Monate nachher, am 5. December 1867, wurde er an Stelle des entlassenen Grafen zur Lippe preußischer Justizminister. Ohne Zweifel besaß er für diesen Beruf vorzügliche Eigenschaften. Er hatte eine gewaltige Arbeitskraft, war äußerst regsam und energisch. Auch fehlte es ihm nicht an Schärfe des Verstandes. Vor allem besaß er ein großes Formtalent, so daß Entwürfe meist formvollendet aus seiner Feder hervorgingen. Dagegen mangelte ihm fast alle Erfahrung auf demjenigen Gebiete, welches doch eigentlich den Kernpunkt der Rechtsprechung bildet, auf dem Gebiete des Richterberufs. Er hatte diese in der kurzen einjährigen Thätigkeit als Präsident zweier höchsten Gerichtshöfe nur in geringem Maße erwerben können. Die an sich ziemlich formelle und romanistisch gefärbte Richtung vieler hannoverschen Juristen hielt ihn zwar nicht in der Art befangen, daß er einen allzu großen Werth auf juristische Gelehrsamkeit gelegt hätte. Aber er hatte auch nichts anderes an die Stelle zu setzen. Der Sinn für das Materielle des Rechts schien wenig bei ihm entwickelt. Glänzend in der Form, waren seine Gesetzvorlagen in der Sache eine Art Manchesterthum, dieses in die Jurisprudenz übertragen. Als solches huldigten sie den Schwächen des Juristenstandes, ließen aber die Interessen der Rechtsuchenden oft ohne zureichenden Schutz. Auch noch andere Gründe waren vorhanden, um seinen Gesetzwerken ein Ansehen

zu geben. Die Vollendung in der Form mußte um so mehr
imponiren, als bekanntlich ein Verständniß für die Technik des
Rechtes, welche dessen materiellen Inhalt zu tragen hat, nicht
sehr weit verbreitet ist. Vortrefflich verstand es auch Leonhardt, dieses Nichtverständniß sich zu nutze zu machen. War
er auch, wie er einstmals versicherte, politisch frei von „libera-
lisirenden Neigungen", so neigte er doch auf juristischem Gebiete
nicht etwa zum Liberalismus, sondern zum Radikalismus.
Der Radikalismus aber übt auf allen Lebensgebieten dieselbe
Wirkung: er imponirt den Halbgebildeten und schädigt das
Leben.

Das erste große Gesetzwerk, mit welchem Minister Leonhardt hervortrat, waren die im Herbst 1868 dem Abgeordnetenhause vorgelegten Gesetzentwürfe über die Rechte an Grundvermögen. Er hatte sich für deren Ausarbeitung allerdings
der Hülfe seines damaligen Referenten, des Geheimerath Förster,
bedient. Aber er trat von vornherein für dieselben persönlich
ein, indem er sogar den Wunsch zu erkennen gab, daß die
Vorlagen ohne alle Kommissionsberathung im Abgeordnetenhause angenommen werden möchten. Der Inhalt dieser Entwürfe ist ihm daher vollständig zuzurechnen. Die Grund-
gedanken derselben waren nicht neu; sie waren bereits in den
Gesetzgebungen anderer Länder, namentlich von Sachsen und
Mecklenburg, zur Ausführung gelangt und waren bei ver-
ständiger Ausführung auch zu billigen. Die Verfasser der
Entwürfe hatten aber diese Gedanken nicht genügend erfaßt;
wovon die Entwürfe selbst und noch mehr deren Motive Zeug-
niß gaben.

Bezüglich des Eigenthums wollte man zu dem System
übergehen, daß, unabhängig von der Tradition, Eigenthum
nur durch gerichtlichen Vertrag übertragen werde. Zugleich
wollte man in dem im Grundbuch vollzogenen Eintrag des

Grundstücks ein formelles Recht schaffen, vermöge dessen gut-
gläubige Erwerbungen von Rechten am Grundstück Schutz
finden sollten. Aber diese juristische Konstruktion des Verhält-
nisses schwebte den Verfassern nur sehr unbestimmt vor. Mit
der Eintragung im Grundbuche glaubte man wirklich ein voll-
endetes materielles Eigenthum zu schaffen. Man rühmte sich,
daß damit der verwirrende Gegensatz des altpreußischen Rechtes
zwischen natürlichem (wahren) und bürgerlichem (fingirten)
Eigenthum vollständig überwunden sei. Eine Anfechtung des
auf Eintrag beruhenden Eigenthums hielt man zwar nicht für
ausgeschlossen, meinte aber, das könne nur eine Deliktsklage,
aus Betrug, Fälschung 2c., sein. Daß die „Auflassung" — so
nannte der Entwurf die beiderseitige Einwilligung in die Eigen-
thumsüberschreibung — ein Vertrag sei und daß dieser Vertrag doch auch an Mängeln leiden könne, welche den Eintrag
zu affiziren geeignet seien; daß nicht minder die auf andere
Gründe hin vollzogene Eintragung eine irrige sein könne, und
daß dann das eingetragene Eigenthum jedenfalls in erster
Hand müsse angefochten werden können, davon hatte man
keine Ahnung. Deshalb sollten aber auch die von dem ein-
getragenen Eigenthümer eingeräumten Rechte unbedingt gelten, ohne Rücksicht auf guten Glauben und Entgeltlichkeit des
Erwerbs. Das war das neue Eigenthumssystem.

Was die Hypothek betrifft, so sollte für diese der Grundsatz der Mecklenburger Gesetzgebung von der „selbständigen Real-
obligation", von der „Unabhängigkeit der Hypothek von der
persönlichen Forderung" adoptirt werden. Man hatte aber
diesen Begriff durchaus unrichtig aufgefaßt. Der Begriff be-
deutet im Sinne des Mecklenburger Rechts nichts anderes, als
daß die Möglichkeit gegeben werde, ein Grundstück für eine
Schuld haftbar zu machen, ohne sich zugleich persönlich (d. h.

mit seinem übrigen Vermögen) zu verpflichten. Mit einem Worte, es ist der Begriff der Grundschuld, wie er später im Gesetze Aufnahme fand. Der ursprüngliche Entwurf kannte aber diesen Begriff gar nicht. Weil man, ausweislich der Motive, davon ausging, daß „eine Hypothek ohne unterliegende Schuldverbindlichkeit schlechthin undenkbar sei", so verstand man unter der „Unabhängigstellung der Hypothek von der persönlichen Forderung" etwas ganz anderes. Man verwechselte die Lostrennung der Hypothek von der persönlichen Verbindlichkeit mit einer Lostrennung der Hypothek von ihrem materiellen Rechtsgrunde (causa), und glaubte, jene bedeute die Erhebung der Hypothek zu einer ganz eigenthümlichen Formalobligation. Und nun wollte man, um dem „Mecklenburger Dogma" zu genügen, ein Gebilde schaffen unerhörtester Art. Die Hypothek des preußischen Rechts sollte, auch in erster Hand, alle Einreden aus dem zu Grunde liegenden Verhältniß ausschließen. Daß hierfür in den Motiven auf die Analogie des Wechsels verwiesen und auch von diesem gesagt war, derselbe sei eine alle Einreden ausschließende Formalobligation (d. h. daß die Verfasser vergessen hatten, daß man auch den Wechsel in erster Hand mit Einreden aus dem zu Grunde liegenden Verhältniß anfechten könne), war nicht geeignet, das Vertrauen in die Wissenschaftlichkeit der Arbeit zu erhöhen. In diese ganze Anschauung hatte sich Geheimerath Förster so eingelebt, daß er selbst noch bei der Verhandlung im Abg. Hause auf die zweite Vorlage des Gesetzes, im Januar 1870, als ein Antrag gestellt wurde, den § 36 (jetzt 38) des Entwurfs dahin zu ändern, daß Einreden gegen die Hypothek aus dem zu Grunde liegenden Rechtsverhältniß in erster Hand nicht ausgeschlossen seien, erklärte: „damit werde die ganze Theorie des Gesetzes auf den Kopf gestellt". Und auch der Abg. Lasker, der Vielen als der erste Jurist des Hauses galt, sekundirte ihm hierin. Der Antrag ward hierauf natürlich abgelehnt; wie denn überhaupt im Abgeordnetenhause keine genügenden Kräfte vorhanden waren, um den Entwurf einer zureichenden Umgestaltung zu unterwerfen.

Erst bei der letzten Vorlage, welche im Herbste 1871 und zwar zunächst beim Herrenhaus erfolgte, gelang es dort, umfassende Aenderungen im Entwurf herzustellen. Nun erst ward der Begriff der Grundschuld in seiner wahren Bedeutung, als einer dinglichen Verpflichtung, welche keine persönliche Verpflichtung neben sich hat, in das Gesetz hineingebracht; daneben aber auch der alten Hypothek, die man ganz nutzloser Weise hatte beseitigen wollen, wieder eine Stelle eingeräumt. Auch der § 38 ward nun entsprechend umgestaltet. Und als demnächst der Entwurf wieder durch das Abgeordnetenhaus ging, ließen die Herren Förster und Lasker den Paragraphen, der „die Theorie des Gesetzes auf den Kopf stellte", ruhig über sich ergehen.

Wohl selten ist eine tiefgreifende Gesetzgebung mit einer so geringen wissenschaftlichen Beherrschung des Stoffes unternommen worden. Wäre der ursprüngliche Entwurf, wie Minister Leonhardt unter einem spöttischen Seitenblicke auf die „Juristen", welche an allem etwas auszusetzen haben, befürwortete, ohne Weiteres angenommen worden, so würde damit ein Formalismus ins Leben getreten sein, wie er schreckhafter nicht bestanden hat, so weit die Rechtsgeschichte zurückreicht. Es ist vorzugsweise ein Verdienst des Professor Dernburg, wenn der Entwurf im Herrenhaus zu einem leidlichen Gesetze umgestaltet wurde. Zu einem guten ist er auch dort nicht geworden; wie es denn überhaupt sehr schwer ist, einen in seinem ersten Gedankenaufbau verfehlten Entwurf mittels parlamentarischer Emendation zu einem guten umzuarbeiten. Namentlich wirken

die verwirrenden Motive auch noch heute in der preußischen
Jurisprudenz fort[1]).

Ein anderes, zuerst um die nämliche Zeit von Minister
Leonhardt der Landesvertretung vorgelegtes Werk war das Gesetz
wegen Enteignung von Grundeigenthum. Es ist wohl anzunehmen, daß diesem Gesetzentwurf, bei welchem auch der Han-
delsminister betheiligt war, Minister Leonhardt weniger persönlich seine Obsorge gewidmet hatte, als den Grundbuch-
gesetzen. Darauf deutet hin, daß der Entwurf auch in der
Form nichts weniger als vollkommen war. Aber jedenfalls
war doch der Justizminister verantwortlich für die in dem Entwurf vertretenen Rechtsgedanken. Fünfmal lag der Entwurf
der Landesvertretung vor, ehe er zum Abschluß gelangte. Von
den verfehlten Gedanken desselben sollen hier nur einige als besonders charakteristisch hervorgehoben werden. Der Entwurf
hatte sich die Ansicht angeeignet, daß die Frage, wem die Entschädigung gebühre, den Staat gar nichts angehe, es vielmehr
Sache des Unternehmers sei, sich den rechten Mann dafür aus-
zusuchen. Der Bericht der Kommission des Abgeordnetenhauses
vom 4. März 1872 äußerte sich darüber folgendermaßen: „Wenn
der Staat ein Verfahren schafft, welches — wie das hier der
Fall ist — die Bestimmung hat, den Streitgegenstand auf den
betreibenden Theil als völlig unanfechtbares freies Eigenthum
zu übertragen, welches also eventuell auch alle Rechte Dritter vernichtet, dann hat er auch die Pflicht, soweit es in
menschlichen Kräften liegt, dafür zu sorgen, daß über die dafür

---

1) Wem es auf eine noch nähere Begründung des hier über den
Entwurf ausgesprochenen Urtheils ankommen sollte, den verweise ich auf
die von mir am 23. Januar 1869 und am 25. Januar 1870 im Abge-
ordnetenhause gehaltenen Reden, so wie auf meine Schrift: „Die preuß.
Gesetzentwürfe über die Rechte an Grundvermögen. 1870." (Besonderer
Abdruck aus dem 9. Bande dieser „Jahrbücher".)

zu leistende Entschädigung mit dem wahrhaft Legitimirten verhandelt und daß diesem die Entschädigung zu Theil werde. Der Unternehmer hat nicht einmal ein Interesse daran, an die Richtigen zu zahlen." Ihm also die Bestimmung überlassen, mit wem er als Entschädigungsberechtigtem verhandeln und an wen er zahlen will, hieße das Recht auf Entschädigung dem Zufalle preisgeben. Demgemäß wurden entsprechende Abänderungen des Gesetzes beschlossen. Eine andere, das Gerechtigkeitsgefühl tief verletzende Bestimmung des Entwurfs ging dahin, daß die Entscheidung der Regierung über die zu gewährende Entschädigung auf die Rechte der Nebenberechtigten, welche innerhalb des für das Eigenthum bestimmten Werthbetrags ihre Entschädigung zu suchen haben, sich gar nicht ausdehnen, diesen Nebenberechtigten vielmehr überlassen bleiben solle, sich im Prozeßweg mit dem Eigenthümer auseinanderzusetzen. Darüber äußerte der Kommissionsbericht: „Lediglich durch die Enteignung wird das bis dahin völlig friedliche Verhältniß zwischen Eigenthümer und Nebenberechtigten in ein streitbares verwandelt, indem an die Stelle des von den Nebenberechtigten bisher ausgeübten Rechtes in Natur ein Anspruch auf Geldäquivalent tritt, dessen Größe nicht feststeht und deßhalb zu Zweifel und Streit Veranlassung bietet. Die Betheiligten darauf verweisen, diesen lediglich durch die Enteignung an sie gebrachten Streit von vornherein auf ihre Kosten vor den Gerichten auszutragen, würde eine große Härte gegen sie sein. Das Mindeste, was der Staat für die von ihm selbst herbeigeführte Rechtsstörung zu gewähren hat, ist die Beschaffung einer Instanz, welche mittels eines kostenfrei zu ertheilenden arbitrium boni viri die Betheiligten womöglich auseinandersetzt. Ein solches arbitrium ist die Entscheidung der Regierung." Auch hier ward demgemäß Abänderung getroffen. Diese beiden Punkte sind hier näher angeführt worden, weil in ihnen wieder die oben ge-

schilderte Richtung der Leonhardtschen Gesetzgebung sprechend
hervortrat. Andere mehr auf rein technischem Gebiete liegende
Irrungen des Entwurfs (z. B. in Betreff des Werthbegriffes,
dessen Berichtigung durch die Kommission später der Handels-
minister selbst lebhaft vertrat), bieten hier weniger Interesse
dar. Ueberhaupt erlitt der Entwurf eine umfassende Umgestaltung. Aber auch hier wieder bewährte sich, daß ein nicht
glücklich entworfenes Gesetz durch die Wechselfälle parlamentarischer Beschlüsse nicht leicht zu einem guten umgeschaffen werden kann.

Ein weiterer Gegenstand, welchem Minister Leonhardt seine
legislative Thätigkeit widmete, war die Zwangsversteigerung.
Auf diesem Gebiet hatte sich bereits damals in den betheiligten
Kreisen der Grundbesitzer schmerzlich fühlbar gemacht, daß die
Nachhypotheken öfters zu schmählicher Benachtheiligung der
Vorhypothekare ausgebeutet wurden; indem ein Nachhypothekar
den Zwangsverkauf erwirkte, bei diesem aber das Grundstück zu
einem so geringen Preise, meist an den Nachhypothekar selbst,
zugeschlagen wurde, daß nicht einmal die Vorhypotheken gedeckt
wurden. Es handelte sich daher um die Frage:

gebührt dem Nachhypothekar wirklich ein Recht, den Zuschlag zu verlangen, wenn der gebotene Preis noch nicht
einmal zur Deckung der Vorhypotheken ausreicht?

Freilich war diese Frage in ein gewisses Dunkel dadurch ge-
rathen, daß man sie mit der anderen Frage vermischt hatte:

sollen durch den Zwangsverkauf sämmtliche Hypotheken zahl-
bar werden?

Während die letztere Frage vom Standpunkt praktischer Zu-
träglichkeit verschieden beantwortet werden kann, muß dagegen
jeder, welcher Sinn für materielle Gerechtigkeit hat, die erstere
Frage unbedingt verneinen. Denn wenn die Geringfügigkeit
des Gebotes es ausweist, daß der Nachhypothekar gar kein vir-

tuelles Recht am Grundstück hat, da seine Hypothek jenseits des
Werthes desselben liegt, so ist doch in der That schwer abzusehen, mit welchem Recht er den Zuschlag verlangen und damit
zugleich alle Vorhypotheken in die Luft sprengen könne.

Wenn man nun auch dem Minister Leonhardt keinen Vorwurf daraus machen will, daß er bei der Vorlage der Sub-
hastationsordnung im Herbst 1868, trotz der durch ein kurz
vorher für Neuvorpommern erlassenes Gesetz gegebenen gegentheiligen Anregung, bei dem bestehenden Grundsatze, welcher
dem Nachhypothekar jenes mißbräuchliche Recht verlieh, be-
harrte, so hielt er doch auch noch an diesem Grundsatz fest, nachdem zahlreiche Anträge von Abgeordneten und Petitionen von
landwirthschaftlichen Vereinen auf das Mißliche der Sache hin-
gewiesen hatten; und er vertrat denselben wiederholt in einer
im Herbst 1871 dem Herrenhause vorgelegten ausführlichen
Denkschrift [1]). Allerdings kam ihm dabei zu statten, daß er
die Mehrzahl der juristischen Körperschaften, welche großentheils
von einer Verwirrung jener beiden Fragen beherrscht wurden, auf
seiner Seite hatte. Wäre aber im Ministerium Leonhardt eine
größere von materiellem Gerechtigkeitssinn getragene juristische
Technik vertreten gewesen, so hätte man schon damals zu dem
Kern der Frage durchdringen und zu einem zureichenden Schutze
der Rechte des Vorhypothekars gelangen müssen. So blieb
jener Grundsatz bestehen, so lange das Ministerium Leonhardt
dauerte. Erst das Gesetz vom 13. Juli 1883 hat den gerech-
teren Grundsatz zur Geltung gebracht.

Auch die preußische Vormundschaftsordnung vom 5. Juli
1875 ist aus dem Ministerium Leonhardt hervorgegangen.
Offenbar ist man, vielleicht durch die gemachten Erfahrungen
belehrt, bei diesem Werke mit größerer Vorsicht und Sorgfalt

---

1) Anl. 8 der Verhandl. des Herrenhauses von 1871—72.

vorgeschritten, als bei den vorher erwähnten. Gleichwohl hat
auch hier die geschilderte Richtung der Leonhardtschen Gesetzgebung sich geltend gemacht, und der Erfolg ist auch hier kein
günstiger gewesen. Während im römischen Recht die Vormundschaft mehr als ein Recht der Familie und des Geschlechtes
auftritt, faßte man in Deutschland dieselbe von jeher mehr als
ein obrigkeitlich übertragenes Amt auf; und bei der Verwaltung
der Vormundschaft maß man deshalb auch der Obrigkeit eine
stärker eingreifende Thätigkeit bei. Schon ältere Reichsgesetze
enthielten in dieser Richtung Bestimmungen. Mit der ihm
eigenthümlichen warmen Fürsorge für das Wohlergehen der
Unterthanen hatte auch das preußische Landrecht von diesem
Standpunkte aus das Vormundschaftswesen geordnet. Es
waren darin zahlreiche Vorschriften getroffen, welche dem Vor-
mundschaftsrichter zur Pflicht machten, durch sein jederzeit be-
reites Eingreifen der Schlaffheit und dem Egoismus so vieler
Vormünder entgegenzutreten. In den gemeinrechtlichen Ländern,
wo formell noch die römische Satzung galt, hatte gleichwohl
die Praxis vielfach einen ähnlichen Weg beschritten, und der
Richter sorgte durch sein Eingreifen für einen zureichenden Schutz
des Mündels. Die neue Vormundschaftsordnung glaubte nun
aber, an jenen Vorschriften nicht festhalten zu sollen. Sie gab
dem Vormund eine weit freiere Stellung und stellte das schü-
tzende Eingreifen des Richters mehr oder minder in dessen
freies Ermessen. Dies hat, jedenfalls in den altpreußischen
Provinzen, die Folge gehabt, daß der Richter, der nicht mehr
die Vorschriften des Landrechts hinter sich hatte, die Vormünder vielfach frei schalten und walten ließ. Thatsache ist,
daß man seitdem weit öfter von Fällen hört, wo ein Vormund wegen Unterschlagung von Mündelgeldern vor Gericht
gestellt worden ist. Und doch erschöpfen diese Fälle noch nicht
einmal die Nachtheile, welche aus der den Vormündern einge-

räumten größeren Selbständigkeit für die Mündel erwachsen [1]).
Auch hier also hat das Princip des „Gehenlassens" sich nicht
bewährt.

Wir haben hier dieser Gesetze im Näheren gedacht, weil
schon in ihnen die Richtung der Leonhardtschen Gesetzgebung
sich mehr oder minder charakterisirt. Wir übergehen das Straf-
recht. Das auf Grundlage des preußischen Strafgesetzbuchs
ausgearbeitete deutsche Strafgesetzbuch ist nicht ein Werk Leonhardts, sondern des gegenwärtigen preußischen Justizministers
Dr. Friedberg, welcher dasselbe auch vorzugsweise im Reichstage vertrat. Vielmehr wenden wir uns nun zu dem Haupt-
gegenstand unserer Betrachtung, der deutschen Civilproceßordnung.

II.

Es ist bekannt, daß die Civilprozeßordnung eine lange
Vorgeschichte hat. So wie auf Grund des französischen Processes die hannoversche Prozeßordnung, so wurde wieder auf
Grund dieser der in dem Jahre 1862 bis 66 von Vertretern
deutscher Regierungen berathene sog. hannoversche Entwurf zu
Stande gebracht. Unter Zugrundelegung des letztern arbeitete
dann eine während der Jahre 1868 bis 70 tagende Kommission den Entwurf einer Prozeßordnung für den norddeutschen
Bund aus. Die Schaffung des deutschen Reichs gab endlich
dem Minister Leonhardt die ihm ohne Zweifel erwünschte Veranlassung, diesen Entwurf wieder bei Seite zu schieben und

---

1) Eine ausführlichere Darstellung der hier nur kurz angedeuteten
Folgen des Gesetzes, ohne Zweifel vom altpreußischen Standpunkte geschrieben, findet sich in einem Aufsatze der „Grenzboten" von 1884, Hft 34,
„Zur preußischen Vormundschaftsordnung". In den gemeinrechtlichen preußischen Provinzen scheinen die Nachtheile minder sich gezeigt zu haben,
muthmaßlich deshalb, weil sich die frühere Praxis erhalten hat.

seinerseits einen neuen Entwurf zu bearbeiten, den er unter Mitberathung einiger seiner Räthe festsetzte. Dieser Entwurf wurde nun dem Bundesrath vorgelegt und von letzterem einer neuen Kommission von 11 Mitgliedern, in welcher sämmtliche größere Bundesstaaten vertreten waren, zur Berathung überwiesen. Dieselbe vollbrachte diese Arbeit in der Zeit vom September 1871 bis März 1872. Der so fertig gestellte Entwurf ward dem Bundesrath wieder eingereicht, unterlag aber bei diesem noch einer erheblichen Aenderung. Dann gelangte er mit den beiden anderen großen Justizgesetzen über Gerichtsverfassung und Strafproceß an den Reichstag. Hier wurden diese Gesetze während der Jahre 1875 und 76 von einer besonderen Kommission von 28 Mitgliedern berathen. Tiefgreifende Veränderungen wurden durch diese in der Civilproceßordnung nicht herbeigeführt. Im Reichstag selbst wurde die Kommissions-Arbeit unverändert angenommen.

Alle die gedachten Entwürfe beruhten natürlich auf dem Princip der „vollen Mündlichkeit", dessen unbedingte Werthhaltung ein Ueberbleibsel der so lange in Deutschland herrschenden Ueberschätzung französischen Wesens war. Immerhin kann aber doch dieses Princip sehr verschieden ausgebildet werden, je nachdem man die Mündlichkeit mehr als Mittel für die vernünftigen Zwecke des Processes oder als Selbstzweck behandelt. Keiner der Entwürfe ging in der letzteren Richtung weiter, als der vom Minister Leonhardt ausgearbeitete. Es sollten aus dem fraglichen Princip ganz neue Folgerungen gezogen werden, die man in der That nur als radikale bezeichnen kann. Es wird von Interesse sein, diese Episode in der Geschichte der Civilproceßordnung etwas näher in Betracht zu ziehen.

Minister Leonhardt wollte nämlich auf Grund der Annahme, daß in einem mündlichen Verfahren die „Thatfrage"

nur einmal geprüft werden könne, in allen wichtigeren (landge-
richtlichen) Sachen die Berufung abschaffen und ein lediglich
auf Prüfung der Rechtsfrage beschränktes Rechtsmittel an die
Stelle setzen. Hiernach sollten also — da die dritte zur Auf-
rechthaltung der Rechtseinheit bestimmte Instanz nothwendig
dieser Schranke bedurfte — zwei auf die Rechtsfrage beschränkte Rechtsmittel aufeinandergepfropft, die Thatfrage aber
für den ganzen Proceß durch den in der untersten Instanz
aufgestellten „Thatbestand des Urtheils" endgültig festgestellt
werden. Der Sache nach war dieses auf die Rechtsfrage beschränkte Rechtsmittel im Wesentlichen dasselbe, wie die im
preußischen Proceß wohlbekannte Nichtigkeitsbeschwerde dritter
Instanz. Man versicherte aber officiös, daß dieses neue Rechtsmittel etwas ganz anderes sei, und deßhalb belegte man es
mit dem Namen desjenigen Rechtsmittels, welches im preußischen Proceß gerade den Gegensatz zu der Nichtigkeitsbeschwerde
bildete, mit dem Namen der „Revision", „weil man einen besseren Ausdruck nicht zu finden vermochte". Wer nun die Natur
eines solchen auf die Rechtsfrage beschränkten Rechtsmittels kennt,
wer die Schwierigkeit zu würdigen weiß, welche die Trennung
der Rechtsfrage von der Thatfrage, sobald man praktisch daran
tritt, bereitet, dem konnte es nicht zweifelhaft sein, daß, wenn
man auch die dritte Instanz nothgedrungen auf die Rechtsfrage beschränken muß, doch die gleichzeitige Beschränkung der
zweiten Instanz auf solche wahrhaft verhängnißvoll auf die
gesammte Rechtsprechung wirken werde. Es war auch bekannt,
daß diejenigen höchsten Gerichtshöfe, welche gerade auf diesem
Gebiet die größte Erfahrung hatten, das gesammte Reichsober-
handelsgericht, sowie sämmtliche Mitglieder des preußischen
Obertribunals mit Ausnahme von „zweien", die geplante
Neuerung mißbilligten. Die Annahme, daß das Mündlichkeitsprincip diese Beschränkung erheische, wurde schon dadurch

widerlegt, daß bis dahin keine auf die Mündlichkeit gebaute Gesetzgebung zu dieser Annahme gelangt war. Auch begreift ja die „thatsächliche Feststellung", welche das Rechtsmittel ausschließt, nicht bloß Fragen unmittelbarer Beweiserhebung; sondern sie umfaßt auch alle Fragen konkreter Beurtheilung, bei welchen eine Irrung über das jus in thesi nicht erkennbar ist. Auch diese Frage nennen wir nach Vorgang der Quellen „Thatfragen". Wenn in Entgegnung hierauf officiös versichert wurde, daß es gar nicht die Absicht sei, „Fragen konkreter Beurtheilung" von dem Rechtsmittel auszuschließen, so beweist dies nur, daß man auch hier wieder mit Begriffen operirte, über die man sich nicht klar war; wie denn auch dem Minister Leonhardt alle Erfahrungen auf dem Gebiete der preußischen Nichtigkeitsbeschwerde fehlten [1]). Man schlug sich auch selbst in dieser Frage, indem man später die Revision ausdrücklich auf die Auslegung von Urkunden ausdehnen wollte. Die Auslegung von Urkunden ist eben in der Regel eine Frage konkreter Beurtheilung, und durch jene beabsichtigte Ausdehnung erkannte man an, daß Fragen dieser Art an sich nicht unter die Revision fallen.

Alles wurde nun aufgeboten, um diese Kompetenzverengerung durchzusetzen. Als im August 1871 der deutsche Juristentag in Stuttgart zusammen kam, war bereits Einleitung ge-

---

1) Vielleicht täuschte sich Minister Leonhardt in dieser Beziehung. Er erklärte wiederholt öffentlich (im Reichstage am 9. Juni 1871, StB. S. 1115, im Landtage am 13. Januar 1874, StB. S. 531), daß er „neun Monate" — „drei Vierteljahr" — Präsident des Oberappellationsgerichts in Berlin gewesen sei. Wäre dies richtig, so würde er allerdings die preußische Nichtigkeitsbeschwerde einigermaßen kennen gelernt haben. In der That aber waren jene Erklärungen, die in ihrem Zusammenhang jedes Mißverständniß ausschlossen, unrichtig. Leonhardt hatte, wie oben (S. 8) bemerkt, nur drei Monate jenen Posten bekleidet und war dann Minister geworden. In der betreffenden Zeit kamen preußische Nichtigkeitsbeschwerden bei dem Gerichtshofe nur in ein paar vereinzelten Fällen vor.

troffen, um diesem die Neuerung plausibel zu machen und ein beistimmendes Votum von ihm zu erwirken. Es gelang aber nicht. In einer sehr stürmischen Sitzung erklärte sich die Mehrheit des Juristentags dagegen. Kurz darauf trat die obengedachte neu ernannte Kommission zur Berathung des Entwurfs zusammen. Auch bei Berufung dieser hatte man ohne Zweifel schon an die Frage gedacht. Aus den zahlreichen Mitgliedern des Obertribunals hatte man eines der „zwei" Mitglieder zu der Kommission berufen, welche sich für den Leonhardt'schen Plan erklärt hatten, ohne daß sonst von hervorragenden Verdiensten dieses Mannes um die Proceßgesetzgebung etwas bekannt war. Wie zu erwarten, trat die Mehrheit der Kommission dem Plane Leonhardts bei. Jedoch beschloß man, um das Verletzende der Sache doch einigermaßen zu mildern, auch die Auslegung von Urkunden in die Revisionskompetenz aufzunehmen. Einige Zeit später wurde dann noch eine, auf unzureichenden Grundlagen beruhende, statistische Zusammenstellung officiös verbreitet, wonach die Beschränkung des Rechtsmittels keine erheblichen praktischen Folgen haben sollte.

Alles war nun gespannt darauf, wie der Bundesrath sich entscheiden werde. Lange schien dort die Wage zu schwanken. Da erklärten sich schließlich die drei großen Mittelstaaten, der baiersche Justizminister an der Spitze, gegen die Neuerung; und nun folgten so viele Stimmen, daß das Projekt fiel. Der Entwurf wurde dementsprechend umgearbeitet und dem Reichstage vorgelegt. Aber auch hiermit war die Sache noch nicht zu Ende. In der Reichsjustizkommission führte der Mündlichkeits-Enthusiasmus noch zu einem letzten Versuch, den Leonhardt'schen Gedanken durchzubringen. Der Abg. Becker-Oldenburg stellte den bezüglichen Antrag. Die Abgg. Gneist, Marquardsen, Kloß, Herz, Wolffson und Gaupp unterstützten denselben. Auch Lasker war dafür gewonnen. Bekämpft wurde

2

der Antrag nicht allein von Kommissionsmitgliedern, namentlich auch rheinischen und hannoverschen Juristen, die doch die „Mündlichkeit" einigermaßen kannten, sondern auch von den Vertretern der drei Mittelstaaten, während der preußische Vertreter schwieg. Der Antrag fiel in der Kommission mit 14 gegen 9 Stimmen. Damit war die Frage endlich zu Ruhe gebracht.

Heute wird man wohl über diese Frage etwas unbefangener urtheilen. Man hat ersehen, welche Mißstände aus der Beseitigung der Berufung in Straffachen hervorgegangen sind, obgleich ja für die Aufhebung dieser ohne Zweifel weit mehr Gründe sprachen, als für die gänzlich unmotivirte in Civilsachen. Man hat auch das Rechtsmittel der „Revision" näher kennen gelernt und weiß, welche Schwierigkeiten dasselbe darbietet. Man hat endlich auch die Erfahrung gemacht, daß die Feststellung des „Thatbestandes" durch das Gericht keine volle Garantie bietet, daß das Parteivorbringen wirklich zur Geltung kommt. Und nun denke man sich ein Verfahren, bei welchem der einmal festgestellte Thatbestand, welchen in erster Instanz ein Landrichter auf das Papier geworfen, den ganzen Prozeß beherrscht, und wo in den höheren Instanzen zwei formal begrenzte Rechtsmittel sich über einander aufbauen und unsäglichen Streitstoff liefern über die Formfrage, was revisibel sei und was nicht; eine Frage, deren zweitinstanzliche Beantwortung dann auch jederzeit noch reichen Stoff zu Beschwerden an die dritte Instanz gegeben hätte! Welch ein Rechtszustand!

Die geschilderten Vorgänge in der Geschichte der Civilprozeßordnung sind aber auch noch für die Gegenwart sehr belehrend. Unter denen, welche das fragliche Projekt vertraten, finden wir, neben dem Minister Leonhardt selbst, die Namen von Männern, welche bei der Abfassung der Justizgesetze den größten Einfluß geübt haben. Die Erinnerung daran, daß diese Männer einem solchen Irrthum sich hingeben konnten, wird uns auch in der Beurtheilung dessen, was positiv aus ihrer Thätigkeit hervorgegangen ist, unbefangener machen.

Freilich ist es schwer zu glauben, daß Minister Leonhardt aus bloßem Doktrinarismus den fraglichen Gedanken gefaßt und so beharrlich verfolgt habe. Dafür war er viel zu klug. Durch die ganze Civilprozeßordnung, wie sie aus seinen Händen hervorging, geht ein gewisser Zug, welcher zu dem Gedanken verleiten kann, als ob es die Gesetzgebung für ihre Aufgabe gehalten, denen, welche Processe führen wollen, das Leben nicht so leicht zu machen und ihnen durch allerhand offen gehaltene Fährnisse zu Gemüthe zu führen, daß das Prozessiren kein Scherz sei. Dazu würde auch die doppelte Revision sehr geeignet gewesen sein. Eben darauf hin zielt auch, wenigstens dem Erfolge nach, die große Machtfülle, mit welcher das gesammte Justizpersonal je in seinem Bereiche ausgestattet wurde. Der Anwalt bekommt mit der ihm ertheilten Vollmacht das gesammte Recht der Partei in seine Hand und ist auch in der Art der Führung des Processes so frei wie möglich gestellt. Dem Richter sind Befugnisse eingeräumt, welche ihn, wenn er zur Willkür neigt, zu deren Uebung ohne Kontrole in den Stand setzen. Und auch dem Gerichtsvollzieher, diesem echten Sprößling französischen Wesens, ist eine Machtstellung gegeben, welche die Parteien in nicht geringem Grade der Gefahr des Mißbrauchs aussetzt. Es ist bekannt, daß diese Gefahr auch öfters schon sich verwirklicht hat. Es war der größte Fehler, Menschen von halber Bildung selbstständig gegen Gebühren-bezug mit Funktionen der Justiz zu betrauen, welche nicht minder wie die richterliche Thätigkeit vom Standpunkte objektiven Rechtes geübt werden sollten. Die unglückliche Erfindung des Satzes von der „Reinhaltung des Richteramtes" hat da-

hin geführt. Der Proceßbetrieb durch die Parteien hat sich
für diese nichts weniger als wohlthätig erwiesen.¹) Jedermann
weiß, wie einfach früher (wenigstens in Preußen) die Behän-
digungen durch Vermittelung des Gerichts vor sich gingen und
daß daraus für die Parteien fast niemals Unzuträglichkeiten
erwuchsen. Jetzt ist die Besorgung der Zustellung durch den
Gerichtsvollzieher ein umständlicher, theuerer und für die Partei
gefahrvoller Akt geworden. Die Zustellungslehre ist bereits
zu einer Wissenschaft angewachsen, die einen ganzen Band
füllen könnte. Und wehe der Partei, welche darin einen Fehler
begeht! Sie hat im Handumdrehen ihren Proceß verloren.
Als, um die Gefahren dieses nach Deutschland importirten
Institutes einigermaßen zu verringern, die Reichsjustizkommission
auf Aufnahme des § 215 und des Schlußsatzes zu § 216 in
die Prozeßordnung drang, wurde dieser Antrag als „den Prin-
cipien der Proceßordnung zuwiderlaufend" von den Regierungs-
vertretern dreimal aufs äußerste bekämpft. Höchst charakteristisch
für den Geist, in welchem diese Prozeßordnung entworfen war!
Aehnliche Kämpfe waren bei Berathung der Justizgesetze leider
noch öfters zu bestehen.

Wenn man mit dieser ganzen Art der Gesetzgebung das
Wohlwollen vergleicht, mit welchem die große preußische Gesetzgebung des vorigen Jahrhunderts überall das materielle
Recht zu fördern bemüht war, so kann man sich eines schmerz-
lichen Eindruckes nicht erwehren.

Von allen diesen Mängeln wollen wir hier aber nicht
näher reden. Wenn auch die Mißstände, welche sich an die
Gerichtsvollzieher knüpfen, 30 Jahre gedauert hätten, so würden
sie doch, sobald man die bezügliche Gesetzgebung änderte, auf-
hören, ohne nachhaltige Wirkung zu hinterlassen; gerade so,

1) Ein Aufsatz, der dies in trefflicher Weise schildert, findet sich in
den „Grenzboten" von 1884, Heft 42.

wie die verfehlte Schöpfung einer von der Justizverwaltung getrennten Gerichtskostenerhebung schon jetzt ohne bleibenden Nachtheil wieder aufgehoben werden konnte. Viel bedeutungs- voller sind diejenigen Mängel, welche, wie bereits oben be- merkt, ihren Einfluß auf die ganze Erziehung des Juristen- standes üben; und sie bilden die eigentliche Aufgabe unserer Besprechung.

III.

Diese Mängel liegen in der gesammten Art und Weise, wie das Verfahren bis zur Urtheilsfällung sich aufbaut. Die Civilproceßordnung hat ihrem Princip in dem Satze Ausdruck gegeben: „Die Verhandlung der Parteien über den Rechtsstreit vor dem erkennenden Gericht ist eine mündliche." Daneben ordnet sie zwar die vorgängige Erstattung von Schriften an. Eine merkwürdige Erscheinung ist aber die Schlaffheit, mit welcher sie diesen ganzen Schriftenwechsel regelt, und die apo- kryphe Weise, in welcher sie die Schriften zu der richterlichen Thätigkeit in Beziehung setzt. Die Klage allerdings muß in einer Schrift angestellt und auch behufs Erwirkung des Ter- mins bei Gericht eingereicht werden. Ihr schriftlicher Inhalt ist dergestalt maßgebend für den ganzen Proceß, daß er in erster Instanz nur mit Zustimmung des Gegners, in höherer Instanz gar nicht mehr geändert werden kann. Diese Klage ist aber auch das einzige nothwendige Schriftstück. Es sollen zwar vor dem Verhandlungstermin auch eine Vernehmlassung und nach Befinden der Anwälte auch noch weitere Schriftsätze zwischen den Parteien ausgetauscht und bei Gericht eingereicht werden. Das Gesetz gibt aber seine Gleichgültigkeit in dieser Beziehung schon darin kund, daß es dem Kläger nur vor- schreibt, er habe in der Klage die verklagte Partei „zu dem Termine", dessen Datum der Gerichtsvorstand irgendwo auf das Schriftſtück ſetzt, zu laden. Die geladene Partei erfährt alſo gar nicht, daß vor dem Termine auch noch Schriften ge= wechſelt werden ſollen. Und dies hat die Folge, daß ſie nicht ſelten erſt kurz vor dem Termin einen Anwalt mit ihrer Ver= tretung beauftragt, wo dann für einen Schriftenwechſel keine Zeit mehr bleibt. Aber auch abgeſehen hiervon, iſt der Schriftenwechſel völlig in das Belieben der Anwälte geſtellt. Sie können Schriften erſtatten und auch nicht erſtatten. Sie können in die Schriften hineinſetzen ſo viel und ſo wenig ſie wollen. Sie können ſie bei Gericht einreichen oder nicht. Auf die Unterlaſſung iſt kein Rechtsnachtheil geſetzt. Höchſtens kann, wenn die Verhandlung ſtockt, der Termin ausgeſetzt, auch möglicherweiſe eine oder die andere Partei in die Koſten ver= urtheilt werden; wozu man ſich aber doch nur ungern ent= ſchließen wird. Ebenſo wie bei der Klage iſt es bei allen weiteren zu einer mündlichen Verhandlung führenden Anträgen. Nur der erſte Antrag muß zur Terminsbeſtimmung ſchrift= lich eingereicht werden; alles übrige nach Belieben. Für die höhere Inſtanz bedarf es nur einer Schrift, worin ſteht: „Ich lege gegen das Urtheil vom . . . . die Berufung (Reviſion) ein und lade den Berufungsverklagten ꝛc." Allerdings ſoll der Berufungskläger ſeiner Schrift auch noch einen anderen ſachlichen Inhalt geben (§ 480). Unterläßt er es aber, ſo kann ihn niemand zwingen. Gegner und Gericht erfahren dann erſt bei der mündlichen Verhandlung, um was für Be= ſchwerden es ſich eigentlich handelt.

Dieſer Gleichgültigkeit, mit welcher das Geſetz bei Anord= nung des Schriftenwechſels zu Werke geht, entſpricht dann auch das völlige Stillſchweigen über die Frage, was mit den Schrif= ten im Gerichte gemacht werden ſoll. Zwar wurde, als in der Reichsjuſtizkommiſſion die Mitglieder der Fortſchrittspar= tei, völlig konſequent im Sinne einer radikalen Durchführung

des Mündlichkeitsprincips, den Antrag stellten, die gewechsel-
ten Schriften gar nicht an das Gericht gelangen zu lassen [1]),
dieser Antrag von den Regierungskommissaren bekämpft. Andererseits war es aber auch unmöglich, von letzteren eine Antwort
darüber zu erlangen, wie das Gericht die Schriften zu benutzen habe. Ein Antrag, die Bestellung eines Berichterstatters
vor der Verhandlung obligatorisch zu machen, ward bekämpft
und abgelehnt. Einige Mitglieder äußerten die Ansicht, die
Akten sollen nur dem Präsidenten die Leitung der Verhandlung erleichtern. So blieb es bei dem völligen Dunkel über
die Frage, wie das Gericht im Innern thätig sein solle.

Es liegt auf der Hand, daß auf diesen gesetzlichen Grundlagen ein sehr verschiedenes Verfahren sich ausbilden konnte,
je nach den Ansichten und Neigungen der maßgebenden Per-
sönlichkeiten. Wer mit den Abgeordneten Kloß und Herz der
Ansicht ist, daß die Information des Gerichts durch die Schriften „der Tod der Mündlichkeit" sei, während er doch in der
Mündlichkeit das ganze Heil des Prozesses erblickt, mußte natürlich dahin gelangen, daß es Pflicht des Gerichts sei, von
den Schriften einen minimalen Gebrauch zu machen. Wer
umgekehrt der Ansicht ist, daß die mündliche Verhandlung in
der Regel nicht ausreiche, um die Grundlage für ein gutes
Urtheil zu beschaffen, wenn nicht eine Vorbereitung des Gerichts durch die Schriften vorausgehe, mußte bestrebt sein, eine
solche Vorbereitung eintreten zu lassen.

Da, so viel bekannt, der innere Geschäftsgang der Gerichte

---

1) Der Abg. K l o ß sagte: Der §. 124 ist der Tod des mündlichen
Verfahrens. Tritt das Gericht, durch die Schriftsätze informirt, an die
mündliche Verhandlung heran, so wird die letztere der nöthigen Frische
entbehren u. s. w. Der Abg. H e r z befürchtete, daß nach Annahme des
§. 124 die mündliche Verhandlung nur ein mattes Abbild des schriftlichen
Vorbereitungsverfahrens werde. Protokolle S. 43. 44.

nirgends durch Instruktionen der Justizverwaltung geordnet ist,
so entscheidet über diesen Geschäftsgang in erster Linie die Ansicht des jeweiligen Präsidenten jedes Gerichts. Derselbe braucht
zunächst gar keine Berichterstatter zu ernennen. Er braucht keinem Mitglied die Akten vor der mündlichen Verhandlung zugehen zu lassen. Ja es ist sogar zweifelhaft, ob überhaupt
irgend ein Mitglied ein Recht auf Akteneinsicht habe; und es
würde sehr interessant sein, wenn z. B. ein Mitglied einmal seine
Abstimmung von einer vorgängigen Akteneinsicht abhängig erklärte, der Präsident aber dieselbe verweigerte, wie diese Frage
im Disciplinarwege entschieden werden würde. Aber auch wenn
der Präsident einen Berichterstatter ernennt und diesem die Akten zugehen läßt, so fragt es sich doch weiter, ob er auch von
diesem eine schriftliche Vorarbeit entgegennehmen, ob er sie
lesen und demnächst deren Vortrag gestatten will. Lehnt er
es ab, so würde die schriftliche Arbeit des Mitglieds nur ein
Monolog bleiben. Diese dem Präsidenten zur Wahl stehenden
Befugnisse stehen zum großen Theil auch den Senats-Präsi-
denten und Direktoren innerhalb der einzelnen Senate und
Kammern zu; und in der That kommt es vor, daß innerhalb
desselben Gerichts die verschiedenen Abtheilungen einen ganz
verschiedenen Geschäftsgang haben. In zweiter Linie kommt
es aber auch auf den guten Willen der Mitglieder an. Denn
es ist noch keineswegs entschieden, daß, wenn auch der Vorsitzende eine vorgängige Bearbeitung der Sache für nöthig erachtet, die Mitglieder auch dazu verpflichtet seien. Auch hier
würde es sehr interessant sein, wenn einmal ein ausbrechender
Streit im Disciplinarwege entschieden werden müßte. Man
sieht hieraus, daß innerhalb der Gerichte zur Zeit eigentlich
völlige Anarchie herrscht. Weiter kommt es noch auf den guten Willen der Anwälte an. Denn wenn diese keine Schriften liefern, so wird damit die Vorarbeit des Gerichts in erster

Inſtanz von ſelbſt abfällig, in höherer Inſtanz aber jedenfalls
ſehr erſchwert. Hinter dem Anwalt ſteht dann auch noch die
Partei. Denn wenn dieſe den Anwalt nicht zeitig inſtruirt,
ſo kann letzterer auch beim beſten Willen keine Schriften liefern. Der Partei ſteht aber wieder die Entſchuldigung zur
Seite, daß ſie ja gar nicht erfährt, ſie habe den Anwalt zur
Erſtattung von Schriften zu inſtruiren. Denn ſie wird ja nur
zum Termine geladen.

Vorauszuſehen war übrigens, daß auf die ganze Geſtal-
tung des ſo ſehr dem Belieben aller Betheiligten überlaſſenen
Verfahrens die aus den verſchiedenen bisherigen Proceßarten
überkommenen Gewohnheiten einen erheblichen Einfluß üben
werden. Daneben aber kommt noch allgemein menſchlich in
Betracht, daß es jedenfalls bequemer iſt, k e i n e Schriften zu
liefern und k e i n e Schriften zu leſen, als das Umgekehrte.
Ohne Zweifel auch ein Gewichtſtein in der ſchwankenden Wag-
ſchale!

Die Frage, wie ſich nun innerhalb der gegebenen Mög-
lichkeiten das Verfahren wirklich geſtaltet habe, iſt für unſere
Juſtiz von der höchſten Bedeutung. Dennoch hat, ſo viel bekannt, keine deutſche Juſtizverwaltung es für geeignet gehalten, dieſe Verhältniſſe zu erkunden. Wenigſtens iſt darüber
nichts in die Öffentlichkeit gedrungen. Bei dieſer Sachlage
habe ich den Verſuch gemacht, auf privatem Wege mit Hülfe
von Freunden und Bekannten eine Ueberſicht mir zu verſchaf-
fen, wie das Verfahren in den einzelnen Ländern ſich entwickelt
hat, und ich will die Ergebniſſe hier mittheilen. Natürlich
ſind die mir gewordenen Nachrichten nur ſporadiſcher Natur
Daß ſie von durchaus glaubhaften Männern herrühren, brauche
ich wohl nicht zu verſichern. Vielleicht aber iſt eine oder die
andere Mittheilung, zumal wo ſie relativ kurz ausgefallen iſt
nicht völlig erſchöpfend für die vielgeſtaltigen Verhältniſſe.

Zur Beantwortung hatte ich folgende Fragen gestellt:

1) Liefern die Anwälte in zureichender Weise vorbereitende Schriftsätze an das Gericht ein, auf deren Grundlage sich eine vorbereitende Bearbeitung der Sache vor der mündlichen Verhandlung bewerkstelligen läßt?

2) Wird im Gericht auf Grund solcher Schriften eine vorbereitende Bearbeitung der Sache vorgenommen? Wird ein Berichterstatter vor dem Termin ernannt? Liefert er eine schriftliche Arbeit? Nehmen die Vorbereitungsdiener an dieser vorgängigen Bearbeitung der Sache Theil? — Oder dienen die Schriften nur zur Vorbereitung des Vorsitzenden für die Leitung der mündlichen Verhandlung?

3) Hat sich die mündliche Verhandlung in dem Termin wirklich voll entwickelt, oder wird sie mehr oder minder durch Bezugnahme auf die Schriften ersetzt?

Die mir zu Theil gewordenen Antworten sollen hier zunächst in Kürze nach den verschiedenen Gerichten und Ländern zusammengestellt werden.

IV.

Bei dem Reichsgerichte werden auch jetzt noch in allen Civilsenaten Berichterstatter ernannt, welche eine schriftliche Vorarbeit liefern und mit dieser die Sache zeitig vor dem Termin an den Vorsitzenden abgeben. Letzterer prüft dann dieselbe gleichfalls mit Beihülfe jener Vorarbeit. Auch kommt es vor, daß der Vorsitzende sämmtliche Mitglieder im voraus von den zur Verhandlung kommenden wichtigeren Fragen in Kenntniß setzt, was dann die Berathung sehr erleichtert. Ueber die Nothwendigkeit der schriftlichen Vorarbeit besteht im Kolleg keine Meinungsverschiedenheit. Geklagt aber wird darüber, daß oftmals die Anwälte sich auf eine bloße Einlegung der Revision ohne Aufstellung von Beschwerden beschränken, und dann erst bei der mündlichen Verhandlung ihre Beschwerden zu Tage treten.

In Altpreußen wird bei den Oberlandesgerichten innerhalb des Gerichts in gleicher Weise verfahren. So lauten die mir vorliegenden Nachrichten vom Kammergerichte und von den Gerichten zu Königsberg, Marienwerder, Stettin, Posen, Naumburg, Hamm. Ob dort ein ähnlicher Mangel bei den Berufungsschriften sich zeigt, wie beim Reichsgerichte, darüber fehlen mir umfassende Nachrichten. Von einigen Oberlandesgerichten wird ausdrücklich bezeugt, daß die Anwälte zureichende Berufungsschriften anfertigen. Zugleich aber wird über häufige Verspätung der Schriften und dadurch nothwendig werdende Terminsverlegung geklagt.

Bei den Landgerichten werden im Allgemeinen von den Anwälten zureichende Schriften geliefert, häufig aber verspätet, was dann oft zu der Nothwendigkeit einer Terminsverlegung führt. Innerhalb der Gerichte wird verschieden gearbeitet. Wohl überall wird ein Berichterstatter vor dem Termine ernannt. Bei einigen Landgerichten liefert dieser eine schriftliche Vorarbeit, bei andern nicht. Mancher Orten wird unterschieden, je nachdem die Sache schwierig oder minder schwierig erscheint. Als Grund, daß nur „ausnahmsweise“ eine schriftliche Vorarbeit geliefert werden könne, wird namentlich angeführt, daß die einzigen resp. die letzten entscheidenden Schriftsätze so spät („regelmäßig in den drei letzten Tagen vor dem Termin“) eingeliefert werden, daß eine schriftliche Vorarbeit unmöglich sei. Auch die Ansicht ist vertreten, daß die schriftliche Vorarbeit in das Belieben jedes Gerichtsmitgliedes gesetzt sei, „da der Präsident einem Richter nicht befehlen kann, ein schriftliches Referat zu liefern“. Danach liefern einige Mitglieder schriftliche Arbeiten, andere nicht.

Ueberall wird bezeugt, daß die beim Gericht beschäftigten Referendare zu schriftlichen Arbeiten auf Grund der Akten angehalten werden. Wo die Mitglieder noch schriftlich arbeiten, tritt dann die Arbeit eines Mitgliedes als „Korreferent" hinzu. Aber es wird auch darüber geklagt, daß bei der Kürze der Fristen es sehr schwer sei, eine genügende Ausbildung der Referendare durchzuführen.

Was die Entwickelung der mündlichen Verhandlung betrifft, so bezeugen sämmtliche Berichterstatter, daß bei ihrem Gerichte dieselbe sich voll entwickelt habe. Es wird aber darüber geklagt, daß die Anwälte allzu oft die Sache ganz nach den Schriftsätzen „ableiern". Auch wird mir von einer Seite geschrieben: „Bei einer Anzahl altpreußischer Gerichte besteht das mündliche Verfahren nur dem Namen nach. In der Provinz — habe ich mehrere Landgerichte und selbst einen Senat des Oberlandesgerichts nennen hören, wo der Vorsitzende einfach den Anwalt fragt: „Haben Sie den Schriftsätzen noch etwas zuzusetzen?" „Nein" heißt es dann, und damit ist die mündliche Verhandlung zu Ende."

Provinz Schleswig-Holstein. Die vorbereitenden Schriftsätze werden in sehr umfangreichem Maße eingereicht, so daß dieselben vollständig für eine vorbereitende Bearbeitung genügen. Stets wird ein Berichterstatter vor dem Termin ernannt. Die Berichterstatter nehmen meistens, nicht immer und nicht alle, eine vorbereitende Bearbeitung der Sache vor, indem sie einen kurzen Aktenextrakt und ein Gutachten anfertigen. Die Referendare müssen stets einen vollständigen Aktenauszug und ein ausführliches Gutachten anfertigen, welche Arbeit zunächst an den Referenten geht. Der Vorsitzende liest dann auch noch zu seiner Vorbereitung die Akten. Die mündliche Verhandlung besteht im Wesentlichen in einer Wiedergabe der Schriftsätze, auf welche eine Bezugnahme allerdings nicht gestattet wird.

Provinz Hannover. In erster Instanz werden in allen kontradiktorischen Sachen — von seltenen Ausnahmen abgesehen — vorbereitende Schriftsätze überreicht, welche zu dem Zweck der Vorbereitung ausreichen. Nur kommt es wohl vor, daß in der mündlichen Verhandlung Repliken (bisweilen auch weitere Einreden) neu vorgebracht werden, welche nicht schriftlich vorbereitet sind. Sind dieselben von größerer Bedeutung, so beantragt alsdann in der Regel der Gegner Vertagung, und bis zum weiteren Verhandlungstermine wird meistens ein Schriftsatz nachgeliefert. — In zweiter Instanz dagegen fehlt häufig eine schriftliche Rechtfertigung der Berufung und noch häufiger eine schriftliche Beantwortung derselben. In manchen Fällen lassen sich jedoch die Angriffspunkte aus dem angegriffenen Urtheil erkennen, und ist darnach eine vorbereitende Bearbeitung vor der mündlichen Verhandlung möglich.

In allen Sachen wird vor dem Verhandlungstermine ein Berichterstatter ernannt. Derselbe erhält die Akten zugestellt und bereitet sich aus solchen vor, nach der mündlichen Verhandlung mündlich zu referiren. Eine schriftliche Arbeit liefert derselbe nicht. Nur bei einzelnen Gerichten ist die Einrichtung getroffen, daß Referendare, denen ein Referat übertragen ist, zu ihrer Belehrung dem Korreferenten oder dem Vorsitzenden ein schriftliches Referat vorher liefern. Ein schriftliches Korreferat findet niemals statt. Im Termin wird vollständig mündlich verhandelt. Jedoch werden die thatsächlichen Behauptungen vielfach aus den Schriftsätzen verlesen.

(Von anderer Seite wird bezeugt, wie ein hochstehender hannoverscher Richter sich dahin geäußert habe, daß vor dem Schluß der mündlichen Verhandlung weder der Richter noch der Referendarius ein Wort schreiben dürfe. Gleichzeitig aber wird bezeugt, daß beim zweiten Examen die Kandidaten aus dem Departement Celle, wenn auch ihre s. g. wissen-

schaftliche Arbeit gut ausgefallen, doch bei der s. g. praktischen
Arbeit oft äußerst schwach sich gezeigt haben.)

Provinz Hessen-Nassau. Bei sämmtlichen Gerichten
wird vor dem Termin ein Berichterstatter ernannt. Bei den
Oberlandesgerichten zu Kassel und Frankfurt liefert dieser
auch eine schriftliche Vorarbeit. Sachlich eingehende Berufungsschriften werden nicht immer eingereicht; in neuerer Zeit jedoch
beim Oberlandesgericht in Kassel mehr als früher. Auch wird
über die zahlreiche Aussetzung der Termine durch die Anwälte
geklagt. Bei den Landgerichten wird es verschieden gehalten. Bei einigen derselben wird wo möglich von dem Berichterstatter noch schriftlich vor dem Termin gearbeitet. Auch
die Referendare werden mit solchen schriftlichen Vorarbeiten beschäftigt. Die Arbeit wird aber erschwert durch die Sachbehandlung seitens der Anwälte. In Berufungssachen liefern
die Anwälte fast durchweg keine sachlich gehaltenen Beschwerde-
schriften mehr ein. Auch in erstinstanzlichen Sachen lassen sich
Anwälte vielfach erst durch den Verhandlungstermin zur Erstattung von Schriftsätzen drängen. Dies hat dann die öftere
Aussetzung der Termine zur Folge. In Frankfurt z. B. kann
man rechnen, daß nur etwa ein Drittheil der Sachen schon
im ersten Termine (der auf 5 bis 6 Wochen nach der Klage
hinausgesetzt wird) ausreichend durch Schriftsätze vorbereitet ist.
In den ungenügend vorbereiteten Sachen wird dann regelmäßig die Verhandlung ausgesetzt. Bei anderen Landgerichten
wird kaum noch schriftlich gearbeitet. Nur die Referendare erhalten die Sachen zur Ausarbeitung eines schriftlichen Gutachtens. Der Berichterstatter des Gerichts fügt dann nur etwa
eine kurze Notiz bei. Die Klage über das Unzureichende der
Schriftsätze ist hier noch größer. Was die mündliche Verhandlung betrifft, so wird bei einem Landgerichte bemerkt,
daß die Anwälte sehr gern ihre Schriftsätze ablesen.

(Auf das Verfahren in der Rheinprovinz werde ich noch später zurückkommen.)

Baiern. (Nach den Erfahrungen bei den Münchener Gerichten.) Vorbereitende Schriftsätze werden in wirklich zureichender Weise von den meisten Anwälten nicht geliefert. Gerade die mehr beschäftigten und besser renommirten Anwälte überlassen die Anfertigung der Schriftsätze ihrem Hülfspersonal (Konzipienten, Rechtspraktikanten) und studiren den Fall ihrerseits erst dann, wenn sie sich zum Plaidoyer in der Gerichtssitzung vorbereiten. Daß dann unter der Hand des gewandten Anwalts der Prozeßstoff häufig eine ganz andere Form gewinnt, als er im vorbereitenden Schriftsatze seitens des minder geübten Gehülfen erhalten hat, bedarf nicht weiterer Ausführung. Eine vorbereitende Bearbeitung der Sache seitens des Gerichts auf Grund der Schriftsätze oder auch nur die Ernennung eines Berichterstatters findet — im ersten Rechtszuge wenigstens — vor dem Termin zur mündlichen Verhandlung nicht statt. Die Schriftsätze dienen nur zur Vorbereitung des Vorsitzenden für die Leitung der mündlichen Verhandlung. Die letztere hat sich voll entwickelt.

Sachsen. (Nach den Erfahrungen beim Landgericht Dresden.) Schriftsätze werden im Allgemeinen erstattet. In vielen Fällen genügt die Vorbereitung durch solche. Manchmal gehen dieselben aber erst unmittelbar vor dem Termin ein oder es unterbleibt die Einreichung der Einlassung auf der Klage gänzlich. Dann wird regelmäßig eine Vertagung der Verhandlung erforderlich. — Es wird fast ausnahmslos ein Referent in der Person desjenigen Raths ernannt, der später das Urtheil abfassen soll. Dieser extrahirt gleich dem Vorsitzenden die Schriftsätze vor dem Termin und bildet sich, gleich Letzterem, seine vorläufige Rechtsansicht über die Sache. In manchen Fällen, in denen das besonders angezeigt erscheint, findet eine collegiale Aussprache hierüber vor dem Termin statt. Ein schriftlicher Bericht wird aber wohl nirgends erstattet. Es ist demgemäß die Schlußfrage (in Nr. 2) im Wesentlichen zu bejahen, nur mit dem Zusatz, daß der Vorsitzende sich in manchen Fällen schon in diesem Stadium zweckmäßiger Weise über die rechtliche Auffassung der Sache seitens der beisitzenden Räthe zu unterrichten sucht. Auch dienen die vorbereitenden Schriftsätze dazu, den Referenten zu Erläuterungsfragen besser zu befähigen.

Die mündliche Verhandlung hat sich am hiesigen Platze nicht voll entwickelt. Es muß sogar bei größeren Sachen seitens des Gerichts gewünscht werden, daß sich die Anwälte, insbesondere auch in der Reihenfolge ihrer Anführungen, thunlichst an die Schriftsätze halten. Denn bei der Menge der Sachen, welche der einzelne Richter wenigstens bei vielbeschäftigten Landgerichten an demselben Terminstag zu verhandeln hat, ist es ein Ding der Unmöglichkeit, auf Grund des bloßen Gedächtnisses später für den „Thatbestand" mit der erforderlichen Sicherheit festzustellen, was Alles in der mündlichen Verhandlnng an erheblichen Thatsachen vorgebracht worden ist. Deshalb müssen sowohl der Vorsitzende als der Referent im Termin sich schriftliche Notizen über das machen, was wiederholt bez. neu vorgetragen worden ist. Wenn solche Notizen aber nicht zu umfänglich und zeitraubend werden sollen, ist es wünschenswerth, daß sie sich den Angaben in den Schriftsätzen möglichst anschließen können, was erfahrungsgemäß nur dann ohne erhebliche Unzuträglichkeiten ausführbar ist, wenn die Anwälte sich auch in der Reihenfolge ihrer Ausführungen thunlichst an die Schriftsätze halten.

Würtemberg. (Aus dem Oberlandesgerichte in Stuttgart.) Die Frage, ob zureichende Schriftsätze erstattet werden, ist (abgesehen von den Fällen, in welchen ein Wechselproceß kontradiktorisch wird) entschieden zu bejahen. Ausnahmen kommen allerdings vor, nicht leicht in der Berufungsinstanz, nicht ganz selten aber in erster Instanz. Alsdann liegt regelmäßig der Fall vor, daß die Gegenpartei sich nicht erklären kann und darum Vertagung nöthig wird. Es wird ein Berichterstatter vor dem Termin ernannt und dieser übergiebt dem Vorsitzenden eine vorbereitende Bearbeitung[1]). Die Anforderungen an dieselbe gestalten sich nicht nur nach der Persönlichkeit des Vorsitzenden, sondern auch nach der Persönlichkeit der zu Referenten bestellten Richter verschieden. Jüngern, in Erfahrung und Urtheil weniger geübten und gereiften Richtern wird mehr zugemuthet. Im einzelnen Fall kommt auch die dem Referenten zu Gebot stehende Zeit in Betracht. Die Ausarbeitung dient zur Unterstützung des Vorsitzenden bei seiner Vorbereitung für die Leitung der mündlichen Verhandlung, eventuell zugleich als Grundlage für den Antrag des Referenten in der berathenden Sitzung, falls gegen deren sofortigen Abhaltung kein äußeres Hinderniß obwaltet und kein Bedenken aus der Beschaffenheit der Sache sich erhebt. Wenn ein Justizreferendar eine Relation zu liefern hat, so liefert dieser seine Arbeit zunächst dem Referenten ab. Die mündliche Verhandlung hat sich voll entwickelt. Bezüglich der freien Rede wird nicht die strengste Anforderung gestellt. Uebrigens bildet bei den Civilsenaten des Oberlandesgerichts die sofortige Berathung auf die Verhandlung die Ausnahme; regelmäßig wäre solche wegen der Zahl der verhandelten Sachen gar nicht möglich. Bei den Landgerichten bildet (von Versäumnißurtheilen abgesehen) auch aus andern Gründen die sofortige Berathung die Ausnahme.

Baden. Bei den Landgerichten werden vorbereitende Schriften im Durchschnitt in zureichender Weise geliefert; öfters

---

1) Nach einem unten mitzutheilenden weiteren Bericht scheint eine vorbereitende schriftliche Bearbeitung bei den Landgerichten nicht durchweg üblich zu sein.

3

allerdings erst spät, vielfach kurz vor dem Termin, was beiierde in der Natur der Sache liegt. Bei verspäteter Lieferung der Schriftsätze mit wesentlichen neuen thatsächlichen Behauptungen tritt dann Vertagung ein. Es wird gleich anfangs ein Berichterstatter („Respicient") ernannt. Dieser und der Vorsitzende bereiten sich an Hand der Schriftsätze auf die mündliche Verhandlung, und zwar jeder für sich, vor. Eine schriftliche Arbeit liefert der Respicient nicht. (Die Mittheilung gründet sich auf die Erfahrungen bei einem Landgericht.)

Beim Oberlandesgerichte liegen beim ersten Termine in der Regel noch nicht einmal Berufungsanträge vor; bei später, nach Vertagung angesetztem Termine meist. Aber auch dann noch werden häufig neue Behauptungen und Beweise im Termine gebracht. (Schreiber mißt die Schuld hieran zum Theil der Behandlung der Sache bei den Landgerichten bei, „wo doch nach Beseitigung der Eventualmaxime der Rechtsstreit nach allen Richtungen durchgearbeitet werden sollte.") Es wird gleich anfangs ein Respicient bestellt, welcher vor dem Termin einen Aktenauszug (vorläufige Arbeit für den „Thatbestand") und ein Gutachten liefert. Unter Benutzung dieses Gutachtens prüft auch der Vorsitzende, welcher die Akten selbständig liest, die Sache. Auch die Referendare werden mit Anfertigung der vorbereitenden Gutachten beschäftigt.

Hessen-Darmstadt. Man kann nicht sagen, daß die Anwälte regelmäßig zureichende Schriftsätze liefern; man kann nur sagen, daß es häufig geschehe. Es richtet sich dies nach der Wichtigkeit der Sache und nach der Gepflogenheit der Anwälte. In dem Oberlandesgerichte wird in den beiden Senaten ganz verschieden verfahren. Im ersten (für die gemeinrechtlichen Sachen bestimmten) Senate wird regelmäßig ein Berichterstatter ernannt, der die Sache vor der Verhandlung prüft und bei der Berathung nach derselben zuerst das Wort nimmt, ohne jedoch seine Ansicht schriftlich niederzulegen. Der Vorsitzende prüft die Sache vorher selbständig ohne Kommunikation mit dem Berichterstatter, um sich auf die Leitung der Verhandlung vorzubereiten. Im zweiten Senat, welchem die französisch-rechtlichen Sachen, die Handelssachen und alle Sachen, wo Reichsgesetze zur Anwendung kommen, auch Ehe- und Verlöbnißsachen zugetheilt sind, wird kein Berichterstatter ernannt. Auch der Vorsitzende erachtet es nicht für nöthig, die Akten vorher einzusehen. Sie dienen mehr, das Gedächtniß bei der Urtheilsredaktion aufzufrischen. Die mündliche Verhandlung hat sich voll entwickelt. Die Urtheile werden jedoch in der Regel nicht sogleich, sondern erst binnen 8 Tagen verkündet und erst nach den für die Verhandlung bestimmten Sitzungen in einer besondern Berathungssitzung beschlossen. (Ueber das Verfahren bei den Landgerichten liegen nähere Mittheilungen nicht vor.)

Mecklenburg-Schwerin. Beim Oberlandesgerichte werden vorbereitende Schriftsätze selten eingereicht; in neuerer Zeit jedoch — in Folge der oftmals ausgesprochenen Aufforderung des Vorsitzenden — etwas häufiger; immer aber noch zu wenig. In den meisten Fällen weiß das Gericht vor dem Termin nicht einmal, auf welche Punkte die Berufung sich richten wird. Bei den Landgerichten werden Schriftsätze häufiger eingereicht. Die Gerichte streben dahin, die Anwälte zu gewöhnen, daß sie die Thatsachen schriftlich fixiren. Fehlt die nothwendige schriftliche Vorbereitung, so wird die Verhandlung in der Regel vertagt, und zwar auch von Amtswegen. Ein Berichterstatter wird stets vor dem Termin ernannt; aber eine schriftliche Bearbeitung findet weder beim Oberlandesgericht, noch bei den Landgerichten statt. Vielmehr circuliren die Akten vor dem Termine stets bei allen an der Verhandlung theilnehmenden Richtern zur Vorbereitung. Zuweilen findet auch schon vor dem Termine eine kurze mündliche Besprechung der

3*

Sachen statt. Die Referendare werden mit Entwerfung von
Beschlüssen und Urtheilen und mit mündlichen Vorträgen beschäftigt.

Sachsen-Weimar. Die Anwälte liefern in zureichender Weise vorbereitende Schriftsätze, wenn auch deren Fassung
häufig viel zu wünschen übrig läßt. Sie genügen meistens zur
vorbereitenden Berathung des Gerichts, soweit sie nicht zu kurz
vor der mündlichen Verhandlung oder erst in dieser eingehen.
Ist es in solchen Fällen nicht möglich, in der mündlichen Verhandlung den Stoff genügend zu klären, um daraufhin eine
Entscheidung zu ertheilen, so tritt Vertagung ein. — Eine vorbereitende Bearbeitung der Sache im Gericht findet nicht statt,
sondern nur eine vorbereitende Berathung, in welcher ein Berichterstatter der Kammer die thatsächliche und rechtliche Lage
des Streites vorträgt. Hieran schließt sich eine Besprechung
der Sache, bei welcher man sich eventuell auch über eine
später zu ertheilende Entscheidung vorläufig verständigt. Der
Berichterstatter liefert der Kammer keine schriftliche Arbeit;
hält er es für entsprechend, die von ihm gefundenen Resultate
schriftlich zu fixiren, so thut er dies auf eigene Rechnung und
Gefahr. Die bei dem Landgerichte im Vorbereitungsdienst
stehenden Referendare werden meistens zu den berathenden
Sitzungen zugezogen.

Bremen. (Landgericht.) Die Anwälte liefern in zureichender Weise, oftmals sogar mehr als wünschenswerth,
vorbereitende Schriftsätze. In allen Sachen, in welchen Gegen-
anträge eingegangen sind, wird ein Referent bestellt, dessen
Stelle bei minder schwierigen Prozessen wohl auch ein Referendar versieht. Eine Vorberathung oder sonstige Vorbereitung der Sache findet nicht statt. Der Vorsitzende betrachtet
sich jedoch als stehenden Korreferenten und bearbeitet demnach
vorgängig den Prozeßstoff. Bei schwierigen Sachen pflegen

wohl die Referenten die Zusendung der Akten an den Vorsitzenden mit Bemerkungen über ihre Auffassung und über die
Behandlung der Sache zu begleiten.

Elſaß-Lothringen. Die Schriftſätze der Anwälte
ſind ſehr verſchieden. Einzelne geben wohl ziemlich ausreichen-
des Material; die meiſten aber nicht weſentlich mehr, als in
den „Konkluſionen“ des früheren Proceſſes ſtand. Ein Berichterſtatter vor dem Termin wird nicht ernannt. Eine vorbereitende Bearbeitung findet nicht ſtatt. Auch der Vorſitzende
nimmt vor dem Termin von den Schriftſätzen wohl kaum
Notiz. Doch wird das individuell verſchieden ſein. Nach der
Verhandlung wird ein Berichterſtatter (d. h. Urtheilsverfaſſer)
ernannt. Derſelbe liefert kein ſchriftliches Referat, ſondern nur
einen Urtheilsentwurf, welcher als Grundlage der Berathung
dient. Etwaige Privatnotizen bleiben dabei außer Acht. Die
Referendarien wohnen den Sitzungen bei und fertigen Referate
(zur Ausbildung) und Urtheilsentwürfe nach der Sitzung auf
Grund der Vorträge der Anwälte aus den ihnen dann zu-
geſtellten Akten. Doch finden auch hier nach dem Ermeſſen
des Präſidenten Modifikationen ſtatt.

V.

Es wird von Intereſſe ſein, wenn ich neben den vor-
ſtehenden kurzen Darſtellungen noch einige mir zugegangene
Schreiben mittheile, die von dem ganzen Geſchäftsgang ein
noch anſchaulicheres Bild geben.

Ueber den Geſchäftsgang bei einem Hannoverſchen Landgericht wird geſchrieben:

„Die Kollegialgerichte erſter Inſtanz ſind ſchwach beſetzt und meiſt
mit Geſchäften überladen. Daraus erwächſt die Nothwendigkeit, in
erſter Linie darauf zu bringen, daß das vorliegende Penſum überhaupt
erledigt wird. Zu der Frage, ob die Anwälte zureichende Schriften

anfertigen, läßt sich weder ja noch nein sagen. Oft wird man über=
häuft mit Schriftsätzen, oft sind die Schriftsätze so unvollständig, daß
eine Vorbereitung daraus kaum möglich ist. Was die Regel, was die
Ausnahme sei, ist schwer zu sagen. Im Gericht verläuft die Sache
wie folgt. Der Vorsitzende vertheilt etwa 8 Tage vor dem Sitzungs=
tage die anstehenden Sachen und liest die Schriftsätze durch, soweit zur
Zeit der Vertheilung außer den Klageanträgen überhaupt schon Schrift=
sätze vorhanden sind. Es ist nichts Seltenes, daß der Schriftsatz, der
als Klagebeantwortung dienen soll, erst am Sitzungstage selbst über=
geben wird. Die Sachen werden unter den ordentlichen Mitgliedern
des Kollegs vertheilt, und diesen bleibt überlassen, inwieweit sie die
ihrer speciellen Beaufsichtigung unterstellten Referendare bei der Be=
arbeitung der Sachen betheiligen wollen. Schriftliche Aeußerungen
kommen nicht allzu häufig vor; die Akten kommen kurz vor der Sitzung
an den Vorsitzenden zurück, meist ohne jede schriftliche Notiz. Der
Schwerpunkt fällt auf den mündlichen Vortrag der Anwälte im Ter=
mine und die mündliche Berathung der Richter, die sich meist der Ver=
handlung unmittelbar anschließt. Eine Aussetzung der Entscheidung
gehört zu den Ausnahmen. Das ist das Wesentliche, was sich mit=
theilen läßt. Unter günstigen Verhältnissen mag sich die Sache besser
abspielen; im Allgemeinen ist der Geschäftsgang wohl so, wie hier ge=
schildert. Das Beste dabei ist, daß erhebliche Rückstände nicht auf=
wachsen."

Ueber das Verfahren bei einem Landgerichte in Hessen=
Nassau wird berichtet:

„Nach den hier gemachten Erfahrungen entspricht die Betheiligung
der Rechtsanwälte an der Behandlung und Verhandlung der Civilsachen
keineswegs den Idealen, welche ich anfangs gehegt hatte. Ich hatte
erwartet, die Anwälte würden innerhalb der Einlassungsfrist und vor
der Verhandlung durch den Schriftenwechsel das thatsächliche Material
klarstellen und im Verhandlungstermine dem Gericht bestimmt vor=
legen, was des Beweises bedürftig und was rechtlich zu beurtheilen sei.
In den meisten Fällen liegt aber bei der Verhandlung nur die Klage
vor, zuweilen tritt eine Erklärung des Gegners hinzu, höchst selten

eine Entgegnung des Klägers. Das Verhältniß gestaltet sich dann so, daß hinter den Schranken die Parteien stehen und mit Blicken, Geberden und geflüsterten Worten mit ihren Anwälten communiciren, die bei den fortwährend vorkommenden neuen Behauptungen mit ihren Clienten erst flüchtige Rücksprache nehmen. Daß ein solches Verfahren bei Postensachen, Erbschaftsstreitigkeiten u. s. w. oft unerträglich ist und es dem Gericht geradezu unmöglich macht, den thatsächlichen Stoff zu behalten, liegt auf der Hand und führt dann häufig dahin, daß die Verhandlung abgebrochen und den Parteien die Beibringung vorbereitender Schriftsätze geradezu aufgegeben werden muß. Ich verkenne nicht, daß an dieser Gestaltung der Dinge vielfach die Parteien selbst schuld sind, indem sie erst kurz vor dem Termin einen Anwalt beauftragen, der dann natürlich nicht in der Lage ist, sich ausreichend zu instruiren. Unter solchen Verhältnissen sollte aber, statt die Verhandlung zu versuchen, stets die Vertagung herbeigeführt werden. — Besonders störend macht sich die Abneigung der Anwälte gegen schriftliche Ausführungen in den Berufungssachen geltend. Man beschränkt sich bei der Berufungsanzeige in der Regel auf den Antrag, das angefochtene Erkenntniß aufzuheben; und so hat bei dem Eintritt in die Verhandlung weder das Gericht noch der Gegner eine Ahnung davon, was denn nun eigentlich angefochten werden soll. Es hat an Aufforderungen und Hinweisungen auf das, was nach der Civilproceßordnung geschehen soll, nicht gefehlt; aber es besteht nun einmal die Neigung, Alles dem mündlichen Vortrage zu überlassen. Schon hieraus ist zu ersehen, daß es in den seltensten Fällen möglich ist, aus den vorbereitenden Schriftsätzen sich ein Urtheil zu bilden, wie die Sache sich gestalten wird, und daß erst durch die mündliche Verhandlung ermittelt werden muß, was denn eigentlich unter den Parteien streitig ist. Mit jener Abneigung gegen eine gründliche Instruktion und schriftliche Firirung hängt eine andere Erscheinung zusammen, die vielfach in auffallender Weise bemerkt wird; es ist dies die ungemeine Vorliebe der Anwälte für commissarische Verhandlung, auf welche, wo es nur irgend angeht, Anträge gerichtet werden. Es fällt dann die ganze Ermittelung des eigentlichen Sachverhalts auf den Commissar. Daß der Erfolg in der Regel ein günstiger, ist ja

im Interesse der Sache erfreulich. — Nach dem allen findet eine vorbereitende Bearbeitung der Sache auf Grund der vorbereitenden Schrif=
ten in der Regel bei uns nicht statt und kann nicht stattfinden. Es ist
hier von Anfang so verfahren, daß etwa 8 Tage vor dem Termin
ein Referent bestellt wird. Dieser, welchem auch eintretenben Falles
die schriftliche Abfassung des Urtheils obliegt, liest die Sache und schickt
sie weiter an das zweite Mitglied der Kammer und zuletzt an den
Vorsitzenden. Auch der dem Referenten etwa beigegebene Referendar
erhält dieselbe. Eine Berathung und dergl. findet jedoch nicht statt.
In einzelnen hierzu geeigneten Fällen fügt allerdings der Referent eine
kurze seine Ansicht aussprechende Notiz bei. Die Cirkulation der Sache
hat nur den Zweck, sich so viel als möglich mit dem zu erwartenden
Stoffe bekannt zu machen und auf die Leitung vorzubereiten. — Die
Schriftlichkeit tritt hiernach bei uns sehr zurück, und wenn die Akten
gleichwohl oft anschwellen, so ist daran nur der Wust von Zustellungs=
bescheinigungen schuld, die den Gebrauch der Akten sehr erschweren.
Bei der Verhandlung ist zur Bezugnahme auf (nicht vorhandene)
Schriftsätze wenig Gelegenheit und trägt dieser — Mißstand allerdings
zur vollen Durchführung des Princips der Mündlichkeit nicht wenig
bei. Ob dabei nicht öfters die thatsächliche Wahrheit zu kurz kommt,
ist allerdings eine andere Frage; doch muß ich anerkennen, daß zur
Ansetzung von Verhandlungs=Terminen zur Berichtigung des That=
bestands nur selten Veranlassung gegeben ist. Sie endigen freilich
regelmäßig damit, daß das Gericht erklärt, sich nicht zu erinnern, daß
etwas Anderes als das im Thatbestande Angegebene vorgekommen sei."
 Ueber das Verfahren bei einem Würtembergschen Landgericht ist folgende Beschreibung mir zugegangen:
 „Die Anwälte reichen in der Regel vollständige und genügende
Schriftsätze ein, welche auch von dem Gegner ausreichend beantwortet
werden. Etwa 8 Tage vor dem Termin erhält der bestellte Referent
die Akten, welcher sie — jedoch nicht schriftlich — bearbeitet und am
Tage vor dem Termin sie an den Vorsitzenden zurückgibt. Auch eine
Berathung vor dem Termin findet nicht statt. In dem Termin wer=
den die Schriftsätze mit ganz unerheblichen Abweichungen beinahe stets
wörtlich vorgetragen. Von dem Referenten wird kontrolirt, ob eine

Abweichung von Belang stattfindet. Eine solche oder eine etwaige Auslassung wird von diesem während des Vortrags dem Vorsitzenden bemerklich gemacht und von dem letzteren dem Anwalt vorgehalten, welcher sich darauf zu erklären hat. Neue Thatsachen oder Beweismittel werden im Termin schriftlich als Anlage zum Protokoll übergeben. Von dem Fragerechte macht der Vorsitzende eventuell genügenden Gebrauch. Drei bis sechs Tage nach der mündlichen Verhandlung findet eine berathende Sitzung statt, worin das Urtheil beschlossen wird. Inzwischen hat der Referent bereits den Thatbestand angefertigt; auch bringt er meist schon seine Entscheidungsgründe im Konzept mit und trägt diese, nöthigenfalls mit einer weiteren ausführlicheren schriftlichen oder mündlichen Begründung, vor. Das von ihm nach der Verkündung oder auch schon vorher fertig gestellte Urtheil übersendet er an den Vorsitzenden, welcher, wenn kein Anstand obwaltet, dasselbe (in der Regel ohne Aenderung) unterschreibt und von den übrigen Mitgliedern unterschreiben läßt.

Der Thatbestand des Urtheils wird, nachdem das Oberlandesgericht die Bezugnahme auf die Schriftsätze reprobirt hat, in der Regel jetzt so angefertigt, daß derselbe aus den Schriftsätzen mehr oder weniger umgearbeitet, auch oft wörtlich entnommen wird und die etwa gegebenen mündlichen rechtlichen Ausführungen der Anwälte ihrem thatsächlichen Vorbringen mehr oder weniger angehängt werden. Die Schreiberei ist allerdings eine erhebliche und oft unnöthige. Die geschilderte Ausführlichkeit der Schriftsätze dient dazu, Anträge auf Berichtigung des Thatbestandes zu den größten Seltenheiten zu machen." (Beim Landgerichte des Schreibenden ist seit 5 Jahren keiner erfolgt.)

Von dem Verfahren, wie es sich in Elsaß-Lothringen gestaltet hat, giebt folgende Schilderung ein anschauliches Bild:

„Nach dem hiesigen Brauche wird in jeder neu eingehenden Sache der Verhandlungstermin möglichst nicht später als auf einen Monat hinaus anberaumt, damit die Anwälte die Möglichkeit haben, eine Sache rasch zum Abschluß zu bringen. In der Regel erklärt aber der Anwalt des Beklagten im Termin, daß er die Vertretung desselben habe und einen Schriftsatz zuzustellen wünsche. Es wird daraufhin ein neuer Verhandlungstermin angesetzt. In demselben erklärt der Anwalt des Klägers: „Soeben habe ich eine dickleibige Klagbeant=wortung erhalten, ich bitte um Anberaumung eines neuen Termins.“ In dem neuen Termine erklärt der Anwalt des Beklagten: „Gestern Abend habe ich einen Schriftsatz mit neuen Behauptungen empfangen, über welche ich meine Partei hören muß. Ich bitte um Vertagung.“ Der Vorsitzende sucht wohl öfters die Verhandlung herbeizuführen; schließlich aber beantragen beide Anwälte gemeinschaftlich die Verlegung des Termins. In den im weiteren Verlauf anstehenden neuen Ter=minen wiederholt sich das Nämliche, allenfalls mit der Modifikation, daß ein richterliches vorbereitendes Verfahren oder die Ernennung von Sachverständigen beantragt wird. Für die Unmöglichkeit der sofortigen Verhandlung liegen die verschiedensten Gründe vor. Die Schriftsätze werden in der Regel erst in den betreffenden Terminen oder kurz zuvor dem Gericht mitgetheilt. Das Gericht setzt geduldig Termin auf Termin an; es ist nicht in der Lage, bestimmend einzugreifen. Um auch im weitern Verlaufe den Anwälten Gelegenheit zu geben, den Gang des Processes abzukürzen, werden die verschiedenen Termine nach einander in Zwischenräumen von nur 8 Tagen bis zu einigen Wochen anbe=raumt. Wollte man längere Zwischenräume nehmen, so würde die Erledigung des Processes sich noch länger hinausziehen; denn auch dann würde schwerlich ein zureichender Austausch der Schriftsätze statt=finden, und die sonstigen Gründe, welche die Unmöglichkeit der Ver=handlung und die Verlegung der Termine rechtfertigen, würden nicht verschwinden. Durch die dadurch bewirkte noch größere Verzögerung der Entscheidung des Processes würde das Publikum geschädigt und das Gericht noch mehr, als es ohnedies geschieht, dem Vorwurf der Saumseligkeit ausgesetzt sein. Denn das Publikum nimmt meist an, daß dem Gericht die Leitung des Betriebes des Processes zustehe. — Dieser Geschäftsgang bringt es nun mit sich, daß in der Regel an jedem Verhandlungstage eine große Zahl von Sachen (bis zu 50 und 60) zur Verhandlung steht. Die neuen Sachen werden zunächst, die übrigen nach der Reihenfolge der Zeitpunkte, an welchen die Anbe=raumung der Termine stattgefunden hat, zur Verhandlung aufgerufen. Von den vielen Sachen kommen so viel zur wirklichen Verhandlung,

daß in der Regel 4—5 Stunden ausgefüllt werden und im Durch=
schnitt viel Sachen zur Erledigung kommen. Es läßt sich aber nie=
mals im Voraus ermessen, welche der vielen anstehenden Sachen an
dem betreffenden Tage zur Verhandlung gelangen werden (abgesehen
von Beweisaufnahme=Verhandlungen). Hiernach ist die gestellte Haupt=
frage dahin zu beantworten, daß eine vorbereitende Bearbeitung der
Sachen auf Grund der Schriftsätze nicht stattfindet und auch nicht
wohl stattfinden kann.“

Bestätigt wird dieses Verfahren im Elsaß durch einen mir
vorliegenden Brief eines Anwalts von hervorragender wissen=
schaftlicher Stellung. Dieser Brief erläutert, wie sich das Ver=
fahren herangebildet hat.

„Es liegt ja in der Natur der Sache, daß die Gerichte die Civil=
prozeßordnung möglichst an das bisherige Verfahren, das in dem be=
treffenden Rechtsgebiete in Uebung war, anzupassen suchten. Bedenkt
man nun weiter, daß die Rheinländer gerade ihr Recht und Verfahren
wie einen Fetisch verehren und die höchst triviale französische Juris=
prudenz weit über die gemeinrechtliche Wissenschaft stellen — diese
Thatsache ist so auffallend, daß sie sogar mir nicht entgangen ist, der
ich niemals in einem andern Rechtsgebiete, als im rheinischen praktisch
gearbeitet habe — so ist es leicht zu erklären, daß man gerade hier
— und am ganzen linken Rheinufer wird es wohl ebenso sein — trotz
der Civilprozeßordnung vielfach am alten Verfahren festhält. Zur
nähern Erklärung der hiesigen Prozeßverhältnisse ist es nöthig, auf
das frühere Verfahren zurückzugehen. Wenn Jemand vor dem
1. Oktober 1879 einen Prozeß einleiten wollte, so ging er gewöhnlich
zum Gerichtsvollzieher, welcher nach dessen Angaben die Klage auf=
setzte. Diese meist sehr dürftige Klage brachte der Gerichtsvollzieher
dann dem Anwalt. Der Letztere trug das Rubrum der Klage bei
Gerichte in ein Buch, die „Rolle“ genannt, ein. Die Rolle wurde
dann in der dem Eintrag folgenden Sitzung verlesen. Bei dieser Ge=
legenheit bestellte sich gewöhnlich ein Anwalt für den Beklagten; wo
nicht, so nahm der klägerische Anwalt für seine Partei Versäumniß=
urtheil. Bestellte sich aber ein Anwalt, dann wurde ein Termin zur

Hinterlegung der Anträge (fog. Qualitätenstellung [1])) fixirt. Diese Anträge enthielten weiter nichts, als das Petitum der Parteien und die Beweisanträge. Sie wurden von den betreffenden Anwälten ver= lesen und darauf dem Gerichte übergeben. Dies war Alles, was das Gericht v o r der Verhandlung von den Parteien erhielt. Nach Ver= lesung der Anträge wurde ein Termin zur Verhandlung fixirt. Der Hauptnutzen der Qualitätenstellung war, daß nicht so viel Sachen auf einen Tag zusammen kamen, und in Folge dessen ereignete es sich denn auch häufiger, als jetzt, daß die Sachen an dem Tage verhandelt wur= den, an welchem sie auch verhandelt werden sollten. Freilich gab es noch Vertagungen, indem nicht immer alle Sachen in der Zeit von 9—1 Uhr, während welcher die Sitzungen abgehalten wurden, ver= handelt werden konnten, vielfach auch die Anwälte, die ja den aus= schließlichen Proceßbetrieb hatten, von den Parteien nicht genügend in= formirt waren. Das Gericht erfuhr erst bei der mündlichen Verhand= lung von dem Inhalt des Processes; in den hinterlegten Anträgen stand fast nichts. Nach den Plaidoyer übergaben die Anwälte ihre Handakten. Da es nun gar nicht möglich ist, in nur einigermaßen complicirten Processen das Urtheil vom Stuhl zu sprechen, so wurde die Sache zum Spruch auf 8 Tage vertagt. Die Richter machten nun an der Hand der von ihnen beim Vortrage der Sache gefertigten Notizen u n d der ihnen übergebenen Handakten das Urtheil. Mit Einführung der Reichsjustizgesetze ist die Rolle zwar gefallen, das Rollenwesen aber geblieben. Wir haben in Folge dessen — und zwar in ganz Elsaß=Lothringen — folgenden Zustand. Die Processe werden alle an den betreffenden Sitzungstagen auf 9 Uhr fixirt und die Sitzungen dauern, wie früher, von 9—1 Uhr. Die Qualitäten= stellung, wodurch ein Anhäufen der Sachen verhütet wurde, ist weg= gefallen und so sind regelmäßig auf e i n e n Termin 30—40 Sachen zur Verhandlung angesetzt. Von 30 Sachen sind etwa 20 nicht bereit und die 10 bereit erklärten sollen dann in der kurzen Zeit von 4 Stun-

---

1) Diese „Qualitäten" (Conclusionen) dürfen nicht verwechselt werden mit den Urtheilsqualitäten, von welchen Art. 142 flg. des C. d. pr. c. handelt.

ben plaibirt werden. Das ist nicht möglich. Manchmal werden nur
5 oder noch weniger, günstigenfalls, wenn gerade keine größere Sache
da ist, die ja mitunter allein die Sitzung ausfüllt, 8 Sachen ver=
handelt. Der Rest geht dann „wegen vorgerückter Zeit" in eine der
nächsten Sitzungen über.

Vor der Sitzung sieht niemals ein Richter die Sachen an. Ei=
nerseits ist das aus den eben erwähnten Gründen nicht möglich —
er weiß ja nicht, was vorkommt; und andererseits ist er das von
früher her nicht gewohnt. Die Entscheidung kann natürlich, wenig=
stens in der überwiegenden Zahl der Fälle, nicht vom Stuhl gespro=
chen werden, sondern es übergeben die Anwälte auch jetzt noch ihre
Handakten und wird die Sache zum Spruch auf 8 Tage vertagt.

Das Hauptübel des gegenwärtigen Verfahrens ist das Verschlep=
pen der Processe. So dauert ein ganz einfacher Proceß in erster In=
stanz unter diesen Verhältnissen mindestens ein halbes Jahr, gewöhn=
lich noch länger. Diesem durch Beibehalten des Rollenwesens ohne
Verlängerung des Sitzungsdienstes herbeigeführten Verzögerungen sucht
man in manchen Arten entgegenzuwirken. So treten in Mülhau=
sen — wenn ich nicht irre auch in Zabern — gewöhnlich Montags
oder auch Samstags die Anwälte zusammen und verabreden, welche
Sachen in der laufenden, bez. kommenden Woche plaibirt werden
sollen und theilen das Resultat ihrer Unterredung dem Gerichte mit.
Dieses weiß dann, was in der folgenden Woche vorkommt und kann
sich, wenn es Lust hat, darauf vorbereiten. Doch scheint das nicht
genügend, da es am Ende doch wieder von dem guten Willen der
Anwälte — wie die ganze Abmachung — abhängt, die Sache vor=
kommen zu lassen. Es dürfte sich daher fragen, ob man nicht am
Ende besser thäte, von vornherein im ersten Termin auf Ver=
handlung der Sache zu verzichten, um sie dann ganz bestimmt am
zweiten vorkommen zu lassen. Der erste Termin hätte dazu zu
dienen, festzustellen:

1) Welche Sachen sind contradiktorisch, welche nicht? Und in den
Sachen, in denen sich kein Anwalt bestellt, wären dann, wie früher
beim Aufruf oder der Qualitätenstellung, Versäumnißurtheile zu
nehmen;

2) In den contradiktorischen Sachen hätten dann die Anwälte die bestimmte Erklärung abzugeben, bis zu welchem Zeitpunkte sie zu verhandeln bereit sind, und würde das Gericht dann hiernach den endgültigen Verhandlungstermin fixiren.

Als Correlat hierfür müßte das Gericht ein Zwangsrecht gegen die Anwälte haben. Wenn der Anwalt nicht glaubhaft machen kann, daß er aus einem entschuldbaren Grunde am zweiten Termin nicht bereit ist, so sollte das Gericht befugt sein, die Sache für ruhend zu erklären und dem säumigen Anwalt die Kosten zur Last zu legen. Andererseits dürfte aber auch das Gericht keine Sachen „wegen vorgerückter Zeit" vertagen. Wenn die für bereit erklärten Sachen bis 1 Uhr nicht fertig sind, dann müßte eben noch nachmittags, selbst bis spät in die Nacht, Sitzung gehalten werden. Das Verschleppen hätte denn bald ein Ende.

Was nun mein Urtheil über das mündliche Verfahren in seiner heutigen Gestalt anlangt, so ist dasselbe kein günstiges. Unter der Mündlichkeit des Verfahrens leidet zweifellos die Wissenschaftlichkeit der Rechtsprechung. Stimmungen und momentane Eindrücke, begünstigt durch die freie Beweistheorie in § 259 C.=P.=O., gewinnen leicht Einfluß auf den Richter, namentlich dann, wenn die Urtheile vom Stuhl gesprochen werden. Der Mangel der Vorbereitung wird ersetzt durch das nachträgliche Studium der Akten, und verhütet daher das Vertagen zum Spruch manches „schnellfertige" Urtheil. Im Gegentheil würde durch vorheriges Durchlesen der nicht selten höchst dürftigen Schriftsätze der Richter leicht voreingenommen werden, da erfahrungsgemäß viele Nova erst bei der mündlichen Verhandlung vorgebracht werden."

In dem vorstehenden Schreiben wird die Unterstellung ausgesprochen, daß, so wie im Elsaß, muthmaßlich überall in den linksrheinischen Ländern sich das neue Verfahren ausgebildet habe. Aus der preußischen Rheinprovinz ist mir eine direkte Nachricht nicht zu Theil geworden. Ein Freund aber, welcher häufig Gelegenheit hat, Akten von dort einzusehen, schreibt mir, wie er nicht daran zweifele, daß das dortige Verfahren im Wesentlichen eben so sei, wie das aus dem Elsaß geschilderte. Aus der baierischen Pfalz liegt mir hierfür die ausdrückliche Bestätigung eines Gerichtsmitgliedes vor.

Es wird interessant sein, der Mißbilligung gegenüber, welche sich in den beiden zuletzt mitgetheilten Zuschriften gegen das in den neuen Proceß hineingetragene französische Verfahren ausspricht, eine Ansicht kennen zu lernen, welche dieses Verfahren hochhält. Bereits oben wurde bemerkt, daß auch der zweite (rheinische) Senat des OLGerichts in Darmstadt dieses französische Verfahren bei sich eingeführt hat. Von dort wird zur näheren Erläuterung der Sache geschrieben:

„Der französische Prozeß kennt keine Berichterstattung und kennt der Natur der Sache nach auch keine Vorbereitung des Präsidenten durch Studium der Akten, weil die Akten in den Händen der Anwälte sind und erst nach der mündlichen Verhandlung dem Gericht übergeben werden. Auch die Conclusionen (Anträge, welche in einer der Verhandlung vorhergehenden Sitzung verlesen und schriftlich über= geben werden) enthalten durchaus kein genügendes sachliches und recht= liches Material zur Beurtheilung und sind durch den Gebrauch zu einer bloßen Form herabgesunken. Dem ungeachtet hat sich kein Mangel bei der Leitung der Debatten, sowenig wie bei Berathung und Schlußfassung fühlbar gemacht. Nur einigermaßen geschulte An= wälte wissen schon zu unterscheiden, was sie sachlich und rechtlich vor= zutragen haben. Der Vorsitzende wird sehr bald so weit informirt ein, um Unwesentliches und Überflüssiges zu unterscheiden und wesent= liche Mängel durch die ihm auferlegte Fragstellung zu ergänzen. Diese letztere unterscheidet allerdings unser jetziges Recht von dem fran= zösischen, welches die Verhandlungsmaxime reiner durchgeführt hat; nach meinen Erfahrungen gehört aber zu dessen richtiger Ausübung auch keine vorherige Information bei einiger Achtsamkeit seitens des Vorsitzenden. Allerdings war die Folge in unserem frühern Verfah= ren und ist es heute noch, daß weniger Urtheile sogleich gesprochen werden. Doch ist es eine Regel mit seltenen Ausnahmen, daß wir die Urtheile in den vorgeschriebenen acht Tagen aussprechen. Bei dem Umstande, daß die Anwälte aus Mainz herüberkommen und man gerne vermeidet, den Parteien doppelte Reisekosten der Anwälte zu verursachen, wird darauf gehalten, daß die firirten Sachen (in der Regel drei) auch verhandelt werden, und dies macht es oft nicht möglich, gleich eine eingehende Berathung eintreten zu lassen. Es wird daher regelmäßig, nachdem die öffentlichen Sitzungen Donners= tags, Freitags und Sonnabends stattgefunden, auf den folgenden Dien= stag eine Berathungssitzung anberaumt, und zur Vorbereitung dieser Berathung wird für die Sachen, in welchen noch keine Entscheidung gefaßt ist, eines der Mitglieder bezeichnet, welches die betreffende Sache vorzugsweise zu prüfen und das erste Wort zu nehmen hat. Das ist allerdings, wenn Sie wollen, eine Concession an das System der Berichterstattung; allein ohne solche ist eine Entscheidung in 8 Tagen schwer herbeizuführen. Unter dem französischen Recht hatten wir da= für in Mainz eingeführt, daß die Akten cirkulirten, etwa Jedem zwei Tage belassen wurden; das ist aber nicht mehr möglich wegen des kurzen Termins für den Urtheilsspruch. Dieser längere Termin hatte auch keinen Nachtheil, weil in allen Sachen von einiger Bedeutung die Anwälte Schriften (für welche besondere Taren bestanden) gewechselt hatten, auf die man recurriren konnte, um seinem Gedächtniß nachzu= helfen. Vorschriften, wie die, daß diese schriftlichen Expositionen nur so weit berücksichtigt werden könnten, als sie mündlich reprobuzirt wa= ren, hatte man nicht, und es ist auch gar nicht anzunehmen, daß ein Anwalt, der nur einigermaßen seine Schuldigkeit thut, im mündlichen Vortrag seine guten Argumente und die erheblichen Thatsachen vergeß= sen könnte. Die betreffenden Vorschriften der Civilproceßordnung, an welche sich das Reichsgericht, ich möchte sagen, förmlich krampfhaft an= klammert, entspringen lediglich der Sorge, es möchte (wie das auch seiner Zeit z. B. in W..... geschah) die vorgeschriebene Münd= lichkeit zu einer reinen Bezugnahme auf gewechselte Schriften einschrum= pfen. Und dennoch thut man, durch die überall eingeführte Bericht= erstattung und Vorinformation durch den Vorsitzenden, beinahe Alles, um die Mündlichkeit zu einer bloßen Form zu machen. Ich meiner= seits habe in den wenigen Fällen, wo ich die Akten vorher einsah, gefunden, daß ich weit mehr Aufmerksamkeit in der öffentlichen Ver=

handlung verwende, wenn ich die Akten nicht kenne, und in Folge da=
von mich auch besser informire, als wenn ich sie vorher gelesen habe;
obwohl dies ein Paraboxon zu sein scheint, ist es doch wahr."

Indem ich hier diese Zusammenstellung schließe, will ich
vor Allem den verehrten Männern, welche die vorstehenden
(und auch die noch später zu erwähnenden) Mittheilungen mir
gütigst haben zu Theil werden lassen, meinen herzlichen Dank
dafür sagen. Sie werden aber gewiß nicht verübeln, wenn
ich das von ihnen berichtete Verfahren, auch da, wo sie per=
sönlich dafür eintreten, mit aller Achtung vor ihrer Ansicht einer
offenen Besprechung von meinem Standpunkte aus unterwerfe.

VI.

Die geschilderten Verhältnisse lassen zunächst erkennen, daß
es eine Täuschung gewesen ist, wenn man von der neuen
Proceßordnung ein wirklich einheitliches Proceßrecht in Deutsch=
land erwartet hat. Niemand wird bezweifeln, daß die Recht=
sprechung nach den hier kundgegebenen Verfahrungsweisen einen
sehr verschiedenen Charakter hat. Ich halte aber auch die Art
und Weise, wie sich das Verfahren in einem großen Theile
Teutschlands, ja bis zu einem gewissen Grade sogar in allen
Theilen, ausgebildet hat, für die Zukunft unserer Rechtsprechung
für höchst bedenklich. Ehe ich hierauf näher eingehe, müssen
wir jedoch unser Bild noch in einer anderen Richtung vervoll=
ständigen.

Die Gleichgültigkeit, welche das Gesetz gegen die Schriften
der Parteien als Mittel der Vorbereitung des Urtheils kund=
giebt, bewährt es auch in seinen Vorschriften über die Fest=
stellung des Streitstoffes. Unzweifelhaft ist es ein Recht der
Parteien, zu bestimmen, was sie der richterlichen Beurtheilung
unterbreitet wissen wollen. Dies ist so sehr allgemein aner=
kannt, daß man die Mißachtung dieses Rechtes durch den Richter,
die man „Versagung rechtlichen Gehörs" genannt, jederzeit als

4

die schwerste Rechtsverletzung betrachtet hat. Haben die Parteien in Schriften gehandelt und handeln sie dann mündlich,
so wäre es sicherlich das natürlichste, anzunehmen, sie haben
im Zweifel mündlich dasselbe dem Richter vortragen wollen
und vorgetragen, was auch die Schriften enthalten; wenn auch
in etwas abweichender Form und vielleicht mit manchen Verbesserungen. Denn was für ein Interesse könnten die Parteien haben, in die Schriften etwas ganz anderes hineinzu-
setzen, als was sie demnächst mündlich verhandeln wollen?
Da sagt nun aber das Gesetz: „Nein! die Schriften gelten ganz
und gar nichts. Nur dasjenige gilt, was mündlich verhandelt
ist." Wie ist denn nun aber dieses mündlich Verhandelte, welches doch schon mit Rücksicht auf die höheren Instanzen fixirt
werden soll, einzufangen? Da sagt das Gesetz: der Richter soll
im Urtheil einen „Thatbestand" aufstellen, welcher das mündlich Verhandelte wiedergiebt. Ist denn nun aber dieser Thatbestand wirklich das mündlich Verhandelte? Offenbar ist er
nur dasjenige, was der Richter von der mündlichen Verhandlung im Kopfe behalten hat. Daß der vom Richter aufge-
stellte Thatbestand die leibhaftige mündliche Verhandlung wirklich wiedergäbe, ist ja eine gänzlich unhaltbare Fiction. Der
Richter besitzt in seinem Gehirn keinen photographischen Ap-
parat, der die flüchtig vorübereilenden Worte der mündlichen
Verhandlung auffinge und naturgetreu auf das Papier würfe.
Der „Thatbestand" des Richters bleibt stets ein künstlich zurecht gemachtes Ding, wobei es dem Richter freisteht, ob er
die Schriften der Parteien oder seine Erinnerungen, d. h. seine
mehr oder minder subjektive Auffassung der Sache, zur Grundlage nehmen will. Der Urtheilsverfasser handelt hierbei fast
ohne jede Kontrole. Denn die Kollegialität kann nach der
Natur der Verhältnisse auf diesem Gebiet nur eine sehr ge-
ringe Kontrole üben. Wer je in einem Kolleg gesessen hat,
wird dies, wenn er anders die Wahrheit sagen will, bestätigen.

Man hat also nun doch wieder eine „Schrift", welche den Streitstoff feststellt, welche sich aber von den Schriften der Anwälte dadurch unterscheidet, daß diese nach den unmittelbaren Angaben der Parteien abgefaßt werden, also aus erster Hand die Thatsachen wiedergeben, jene dagegen nach den Reden der Anwälte aus der Erinnerung nach Ablauf von Stunden oder Tagen aufgezeichnet wird, also ein Bild aus zweiter Hand auf unsicherer Grundlage abgiebt. Daß bei dieser Umsetzung der Rede der Anwälte in die Schrift des Richters Irrungen mannichfacher Art vorkommen können, liegt auf der Hand. Hätte nun der „Thatbestand" nur die Bedeutung, daß er demjenigen Richter, welcher selbst ihn aufstellt, zur Grundlage seines Urtheils diente, so würden die dabei vorgekommenen Irrungen nicht weiter reichen, als eben dieses Urtheil. In der Proceßordnung ist aber dem von dem Richter der Vorinstanz aufgestellten Thatbestand zugleich die Bedeutung beigelegt, daß er auch die Grundlage für die Entscheidung der höheren Instanzen bildet. Jeder Irrthum im Thatbestande benimmt also der Partei das Recht der Geltendmachung ihres wahren Vorbringens auch bei den folgenden Richtern. Er schneidet den Parteien ein Stück rechtlichen Gehörs in der höheren Instanz ab. Für die zweite Instanz wird diese Wirkung einigermaßen gemildert durch das beneficium novorum, welches möglich macht, negative Mängel des Thatbestandes der Vorinstanz zu verbessern, wogegen freilich die positiven Irrungen desselben für alle Instanzen bestehen bleiben. Für die dritte Instanz ist auch nicht einmal das in dem beneficium novorum liegende Korrektiv gegeben. Hier kommen alle Irrungen in dem Thatbestand der Vorinstanzen zur unabweislichen Geltung. Freilich wird in der Proceßordnung auch ein Rechtsmittel aufgeführt, welches „Berichtigung des Thatbestandes" heißt. Jedermann weiß aber, daß dasselbe nur auf dem Papiere steht. Es bildet, schon wegen der Schwierigkeit der einzuhaltenden Frist, eine proceſſualiſche Attrape.

Nur eine einzige Form hatte die Proceßordnung offen gelaſſen, durch welche das Recht der Parteien, mit ihren eige= nen Worten auch vor den höheren Inſtanzen gehört zu wer= den, zur Geltung gelangen konnte. Das war die dem Richter ertheilte Geſtattung, bei der Darſtellung des Thatbeſtandes auf den Inhalt der vorbereitenden Schriftſätze Bezug zu nehmen. Hätte dieſe Methode bei Aufſtellung des Thatbeſtandes ſich reichlich entwickelt — und ſie würde ſich bei mangelndem Ent= gegentreten entwickelt haben, weil ſie ja offenbar für den Richter, der den Thatbeſtand aufzuſtellen hat, bequemer iſt — ſo würde damit die Gefahr, welche in dem richterlichen „That= beſtand" für die Parteirechte liegt, weſentlich gemildert ſein. Da iſt nun aber das Reichsgericht mit einer Anzahl veröffent= lichter Entſcheidungen entgegengetreten, welche die Bezugnahme auf die Schriftſätze ſtatt Thatbeſtandes nur als „Ausnahme" für zuläſſig erklären und die Urtheile der Vorinſtanzen, welche dieſer Anſicht nicht entſprachen, aufgehoben haben. Allerdings liegen auch noch andere Entſcheidungen vor, welche minder ſchroffe Grundſätze aufſtellen. Offenbar beſtehen in dieſer Be= ziehung innerhalb des Reichsgerichts verſchiedene Richtungen [1]). Gleichwohl werden jene erſteren Entſcheidungen ihren Einfluß auf die Praxis nicht ganz verfehlt haben. Wie ſich die Praxis bei den verſchiedenen Oberlandesgerichten geſtellt hat, habe ich nicht in weiterem Umfange ermitteln können. Nach einigen mir vorliegenden Nachrichten ſcheinen auch bei dieſen verſchie=

---

[1]) Eine Anzahl während der Jahre 1880 bis 82 ergangenen Reichs= gerichts=Entſcheidungen, welche dieſe Frage zum Gegenſtand haben, finden ſich zuſammengeſtellt in den von mir herausgegebenen „Urtheilen des Reichs= gerichts mit Beſprechungen". Abh. XXIV. In den ſeitdem erſchienenen Bänden der Reichsgerichts=Entſcheidungen ſind nur wenig einſchlagende Er= kenntniſſe mitgetheilt.

bene Richtungen sich geltend zu machen und nach Zeit oder auch nach der Verschiedenheit der Senate zu wechseln.

VII.

Die hier skizzirten Verhältnisse, die ungenügende Vorbereitung der Verhandlung und Entscheidung durch die Schriften und die Feststellung des Streitstoffes statt durch die Parteien durch den Richter — beides übertriebene Folgerungen aus dem Mündlichkeitsprincip — sind es nun, welche sich für unsere Rechtsprechung höchst nachtheilig erweisen und, wenn sie andauernd bleiben, für dieselbe verhängnißvoll werden dürften. Dies soll hier noch im Nähern ausgeführt werden.

Um nicht Mißdeutungen zu unterliegen, will ich hier gleich bemerken, daß ich der Mündlichkeit als Element des Processes den größten Werth beilege. Ein Proceß, der keine mündliche Verhandlung kennt, wird stets ein mangelhafter bleiben. Der Werth der mündlichen Verhandlung liegt darin, daß einerseits die Parteien in ihr Gelegenheit finden, nicht allein ihrer Sache ein lebendigeres Kolorit zu geben, sondern auch, wenn sie vorher Schriften erstattet haben, Unklarheiten, Mängel und Unvollständigkeiten dieser Schriften zu verbessern und dadurch ein richtigeres Verständniß derselben zu sichern; daß andererseits aber auch der Richter, der beide Parteien vor sich hat, verständig mit ihnen reden, Mißverständnisse ausgleichen und durch geeignete Fragen — natürlich innerhalb der Verhandlungsmaxime — auf Klarstellung des Streitstoffes hinwirken kann. In allen diesen Beziehungen ist die mündliche Verhandlung, wenn von ihr der rechte Gebrauch gemacht wird, von unschätzbarem Werthe. Für diese Zwecke derselben ist es aber ganz gleichgültig, ob die mündliche Sachdarstellung von den Parteivertretern allein ausgeht, oder ob, insofern bereits Schriften vorliegen, ein Richter mit einer Darstellung des Streitstoffes nach Maßgabe dieser Schriften vorangeht und

daran erst die mündlichen Ausführungen der Anwälte sich anschließen. Tüchtige Anwälte und Richter vermögen auch bei
dieser sog. halben Mündlichkeit die mündliche Verhandlung höchst
nutzbar zu machen. Wo die Tüchtigkeit fehlt, gestaltet sich
auch die volle Mündlichkeit zu einem geistlosen Ableiern. Die
Frage, was sich besser anhören läßt, ein vorausgehender Richtervortrag oder ein bloßer Anwaltsvortrag, hängt von der Be-
fähigung der Vortragenden ab. Ich habe Richtervorträge ge-
kannt, die sehr schwer faßbar waren; aber auch solche, die ein
sehr klares und faßliches Bild von der Sache gaben. Und
ebenso war es bei Anwaltsvorträgen. Ein Unterschied liegt
jedoch darin, daß bei einem unzureichenden Richtervortrage die
sich anschließenden Vorträge der Anwälte stets ergänzend eintreten können; während der unzureichende Anwaltsvortrag durch
nichts ergänzt wird, es sei denn durch einen sich der Sache an-
nehmenden Referentenvortrag hinter den Coulissen, vorausgesetzt,
daß für solchen zureichender Stoff vorhanden ist. Ein ausgezeich-
neter Anwalt wird allerdings wohl die Sache in etwas lebendi-
gerer Färbung vortragen, als der stets in seine Objektivität ge-
bannte Richter. Und wenn beiderseits ausgezeichnete Anwälte
auftreten, so kann dadurch die Verhandlung einen gewissen dra-
matischen Effekt gewinnen, der durch einen vorgängigen Richtervortrag abgeschwächt wird. Man darf aber nicht vergessen,
daß die lebendigere Färbung, welche der Anwalt der Sachdarstellung geben kann, eine einseitige ist; und deshalb liegt
bei ungleichen Kräften der Anwälte die Gefahr nahe, daß der
vortragende Anwalt durch die subjektive Färbung seiner Sachdarstellung einen Vorsprung gewinnt, der nicht immer der Gerechtigkeit zu gute kommt. Denn Zweck des Processes ist es
doch nicht, daß der bessere Anwalt, sondern daß die bessere
Sache obsiege [1]). Im allgemeinen aber trifft den Anwalts-

---

[1]) Es ist freilich nicht unzweifelhaft, ob dieser Satz noch allgemein
anerkannt wird. Manche scheinen den Hauptwerth einer Proceßordnung in

vortrag der Vorwurf, daß er sich oft sehr in die Länge zieht und dadurch Zeit und Kraft des Kollegs erschöpft. Als Thatsache kann ich bezeugen, daß, wenn beim Oberappellationsgerichte zu Berlin eine nach den Regeln der vollen Mündlichkeit plädirte hannoversche Sache — deren fünf bis sechs alljährlich an das Gericht gelangten — zur Verhandlung kam, von vornherein eine stille Verzweiflung sich des Gerichtes bemächtigte [1]). Dagegen hatte der Richtervortrag den Vorzug, daß in ihm schon der „Thatbestand" des Falles, wie ihn der vortragende Richter auffaßte, den Parteien vorgeführt und ihrer Kontrole, Berichtigung oder Ergänzung unterworfen wurde; wogegen man den heutigen „Thatbestand" als ein hinter dem Rücken der Parteien angefertigtes, zugleich für die höheren Instanzen bindendes Referat betrachten kann. — Ebensowenig wie die Frage, ob vorgängiger Richtervortrag oder bloßer Anwaltsvortrag, ist für den Werth der mündlichen Verhandlung als solcher entscheidend, ob die Parteien im Verhältniß zu den vorausgegangenen Schriften völlig Neues vorbringen dürfen oder nicht. Das ist keine Frage der Mündlichkeit, sondern eine Frage der mehr oder minder angespannten Eventualmaxime.

Hat das mündliche Wort im Proceß seinen entschiedenen Werth, so hat es aber auch nicht minder die Schrift. Zunächst für denjenigen selbst, welcher schreibt. Erst durch die Schrift kommen wir mit unsern Gedanken zur vollen Klarheit. Es möge hier ein Wort Jhering's aus seinem neuesten Werke [2])

der That darein zu setzen, daß sie möglichst dem bessern Anwalt den Sieg über den minder guten sichere; und vielleicht schätzt man gerade aus diesem Gesichtspunkte die volle Mündlichkeit hoch.

1) Ein Kollege, welcher mir einstmals aus der Sitzung heraus ein Briefchen schrieb, bemerkte am Schluß: „Es wird gerade im Augenblicke eine hannoversche Sache verhandelt.

Und das will sich nimmer erschöpfen und leeren,
Als wollte das Meer noch ein Meer gebären."

2) Scherz und Ernst in der Jurisprudenz, 1884, S. 350.

eine Stelle finden. Er sagt: „Es ist eine höchst treffende Wendung der deutschen Sprache: sich klar schreiben. Ich meinerseits habe die Wahrheit derselben unzählige Male an mir erfahren. Selbst bei Ideen, die ich jahrelang mit mir herumgetragen und in mir verarbeitet habe, erfahre ich immer wieder von neuem, daß ich ihrer erst dann vollkommen mächtig geworden bin, wenn ich sie schriftlich ausgeprägt habe.“ Diese Bedeutung hat aber die Schrift nicht allein für subjektive Erörterungen, sondern auch für die objektive Darstellung von Thatsachen. Es ist daher, auch wo eine mündliche Verhandlung mit vollem Anwaltsvortrage stattfindet, von der höchsten Wichtigkeit, daß die Anwälte vorher den Stoff schriftlich bearbeiten. Erst hierdurch werden sie in den Stand gesetzt, gut und sachlich eingehend zu plädiren. Erzählt man doch von dem großen Redner Thiers, daß er seine Reden zuvor dreimal auf das Papier geworfen habe; erst dann habe er sich im Stande gefühlt, gut zu reden. Es wird daher nicht gewagt sein, zu behaupten, daß auch für den Vortrag unserer Anwälte, die doch nicht alle große Redner sind, eine gründliche schriftliche Vorarbeit von dem größten Werth ist. Es ist mir dies auch von tüchtigen und pflichttreuen Anwälten, denen es durchaus nicht an Redegabe fehlte, bestätigt worden.

Aber auch für das Verständniß der Sache auf Seiten des Richters, vor allem für ein richtiges Erkennen der Thatsachen, ist die Schrift der Parteien nicht zu entbehren. Wenn Bacon sagt: „Philosophiren ist Kennen der Thatsachen“, so kann man mit gleichem Rechte sagen: „Judiciren ist Kennen der Thatsachen“. Unser Recht ist ein so feiner und komplicirter Organismus, daß oft die kleinste Verschiebung in den Thatsachen andere Rechtsfolgen nach sich zieht. Nun giebt es ja Processe, bei denen die Thatsachen von so einfacher und bestimmter Natur sind, daß deren Erkenntniß keine Schwierigkeiten macht.

Es giebt aber auch viele Processe, die auf so vielgestaltigen und schwer faßbaren Thatsachen beruhen, daß ein vollständiges und richtiges Bild von ihnen zu gewinnen äußerst schwierig ist. Um nun die Thatsachen, die der Richter nicht unmittelbar wahrnehmen kann, demselben erkennbar zu machen, giebt es kein anderes Mittel, als das menschliche Wort. Das Wort ist ja ein wunderbares Werkzeug des Menschengeistes, um Dinge einem Anderen, der sie nicht kennt, zur Anschauung zu bringen. Aber dennoch ist es nur ein schwaches Werkzeug für diesen Zweck; wie uns schon daraus klar werden kann, daß für die Erkenntniß örtlicher Verhältnisse die geringste Zeichnung meist mehr Klarheit bringt, als die ausführlichste Beschreibung. Zufolge jener Schwäche des Wortes trägt es aber auch die Fähigkeit in sich, die Dinge mit täuschendem Scheine unwahr darzustellen. Beide, die Stärke und die Schwäche des Wortes, benutzen nun die Parteien je nach ihren Interessen, um dem Richter eine für sie möglichst günstige Anschauung der Dinge beizubringen. Der Richter hat dann die Aufgabe, aus den Worten der Parteien die Wahrheit herauszufinden. Er muß sich eben an die Worte halten, weil ihm nichts anderes zu Gebote steht. Das darf man nicht für eine leidige Wort-klauberei halten. Damit aber der Richter in die Bedeutung des Wortes eindringe, muß ihm vor allem das Wort selbst Stand halten. Zerfließt es in der Luft, was bleibt dann für die Erkenntniß des Richters noch übrig? Und deshalb ist es dringend nöthig, daß die Grundlagen des Processes von den Parteien schriftlich niedergelegt werden. Daneben kann dann die mündliche Verhandlung noch zum besseren Ver-ständniß des Ganzen vortreffliche Dienste leisten. Lediglich aber auf die mündliche Verhandlung in einem einigermaßen ver-wickelten Proceß die richterliche Erkenntniß der Thatsachen bauen wollen, heißt den Proceß auf Luft bauen; heißt dem Zufall und allenfalls der Geschicklichkeit des Advokaten die Herrschaft einräumen. Und die Männer, die die Entdeckung gemacht, daß dieses doch wohl angehe, hätten nach ihrem juristischen Bildungsgrade verdient, in einer Zeit gelebt zu haben, wo man die Schrift noch nicht erfunden hatte.

Die schwerwiegende Bedeutung des geschriebenen Wortes können wir uns auch noch an einer anderen Erscheinung unseres Rechtslebens klar machen. Jedermann weiß, welche Wohlthat es für die Beurtheilung von Rechtsverhältnissen ist, wenn darüber Urkunden vorliegen. Auch solche Urkunden leiden unter Umständen durch die Schwäche des Wortes. Aber immer ist es doch noch besser, über ein nicht ganz einfaches Verhältniß eine Urkunde vor Augen zu haben, als auf die Darstellung eines mündlichen Abschlusses verwiesen zu sein. Dasselbe gilt auch von Beschaffung der Grundlagen des Processes. Judicio contrahitur.

Für die Rechtsausführungen der Parteien ist es weit un= bedenklicher, sie der mündlichen Verhandlung vorzubehalten. Indessen kann es auch hier Fälle geben, wo es subjektiv und objektiv von Werth ist, wenn der Anwalt seine Rechtsaus= führungen schriftlich niederlegt. Gesetzt, der Anwalt will z. B. zu Gunsten einer wichtigen Sache eine neue, bisher wenig bekannte Lehre vertreten oder ein Verhältniß tiefer historisch begründen, so würde ihm die Verweisung auf die bloße Münd= lichkeit gewiß nicht zu Statten kommen. Denn wie viele An= wälte giebt es von solchem Redetalent, daß sie eine feine und tiefer gehende Rechtsdeduktion in freier mündlicher Rede mit Sicherheit und Leichtigkeit zu entwickeln vermöchten? Und wie viele Richter giebt es von solcher Fassungskraft, daß sie eine solche Darlegung im schnellen Vorüberrauschen sofort zu wür= digen verständen? In solchen Fällen wirkt, meiner Erfahrung nach, eine gut gearbeitete Schrift, verständig vorgetragen, besser, während sie zugleich den Gerichtsmitgliedern die Gelegenheit des Nachlesens bietet.

VIII.

Das Vorstehende genügt, um den ersten Vorwurf zu begründen, der gegen die Proceßordnung zu erheben ist; daß sie nämlich den Schriftenwechsel als etwas ganz Nebensächliches behandelt. Schon die Einrichtung, daß auf die bloße Klagschrift hin der Gerichtsvorstand den Verhandlungstermin bestimmen muß, wirkt für die Sache ungünstig. Natürlich läßt sich aus der Klagschrift allein nicht erkennen, was in der Sache steckt. Setzt nun der Vorsitzende den Termin weit hinaus, so wird, wenn der Verklagte nur unbedeutende Einwendungen hat oder gar sich kontumaciren läßt, der Kläger durch die nutzlose Verzögerung beeinträchtigt. Setzt der Vorsitzende den Termin nahe heran, so kann es leicht kommen, daß, wenn die Sache schwierig ist, für den Schriftenwechsel keine genügende Zeit bleibt. Nun wird der Verklagte durch die Klagschrift vorgeladen, im Termine durch einen Anwalt vertreten sich zu vertheidigen. Nach der Neigung so vieler Menschen, Unangenehmes möglichst weit hinauszuschieben, geht der Verklagte erst wenige Tage vor dem Termin zum Anwalte, um ihm seine Vertheidigung im Termine zu übertragen. Ein Mehreres ist ihm ja nicht aufgegeben. Natürlich ist nun ein Schriftenwechsel nicht mehr möglich. Aber auch wo dieses Hinderniß nicht eintritt, kommt doch die Neigung mancher Anwälte zur Geltung, mit der Anfertigung von Schriften möglichst zurückzuhalten und den Versuch zu machen, ob man nicht mit der bloßen mündlichen Verhandlung abkomme. Nun tritt der Termin heran, und die Sache ist noch nicht genügend vorbereitet. Glücklich, wenn dann die Verhandlung gar nicht versucht, sondern von vornherein um Verlegung des Termines

gebeten wird. Denn alsdann haben Anwälte und Richter
doch nur Zeit, nicht auch Mühe verloren. Obgleich, wenn
eine solche ständige Wiederholung blind abgehaltener Termine,
wie sie uns aus der Praxis der Elsaßer Gerichte geschildert
wird, zur Gewohnheit wird, darin ohne Zweifel ein schwerer
Schaden der Justiz liegt. Wird aber trotz ungenügender Vorbereitung der Termin nun doch abzuhalten versucht; zeigt sich
dann erst, daß es nicht geht, weil die Verhandlung stockt, und
muß nun noch nachträglich der Termin verlegt werden, so gehört das zu den widerwärtigsten Vorgängen der Praxis. Denn
jede solche Verlegung des Termins mit der sich daran knüpfen-
den Folge, daß in dem neuen Termin die Verhandlung wieder
von vorn angehen muß, ist für Anwälte und Richter eine
schmähliche Vergeudung von Kraft und Zeit [1]).

Bei der Verhandlung in höherer Instanz zeigen sich ähnliche Mißstände. Wird das Rechtsmittel ohne jede Aufstellung
von Beschwerden eingelegt, so tritt auch hier zunächst für den
Vorsitzenden, welcher die Schrift nicht ansehen kann, was in
der Sache steckt, die Verlegenheit ein, ob er den Termin nahe
oder weit hinaussetzen soll. Daß der Anwalt unter Nichtbe-
achtung des § 480 der C.P.O. das Rechtsmittel nur rein formell einlegt, mag ja darin eine gewisse Entschuldigung finden,
daß es für ihn mitunter schwer oder unmöglich ist, innerhalb
der unerstrecklichen einmonatlichen Frist eine ausreichende Bearbeitung der Sache eintreten zu lassen. Nun kann freilich
eine Beschwerdenschrift noch nachgeliefert werden; und öfters

---

[1]) Mit welchen Gefühlen solche auch noch bei anderen Gelegenheiten
(z. B. bei einem angeordneten Beweisverfahren) sich ergebende Vorkomm-
nisse von den Anwälten empfunden werden, dafür zeugt der jüngst von
einem Anwalte, wenn auch wohl nicht ganz ernstlich, gemachte Vorschlag,
es solle doch jeder Anwalt bei der ersten Verhandlung der Sache in einen
Phonographen hineinsprechen, um bei der Wiederholung der Verhandlung
seine erste Rede mittels dieses Instruments wieder ableiern zu können.

geschieht das auch. In vielen Fällen aber auch nicht. Die
Macht der Bequemlichkeit wirkt dagegen. Auch hat ja der Be-
rufungs- und Revisionskläger gar kein Interesse daran, daß
sein Gegner erfahre, wie er das Urtheil angreifen will. Wird
derselbe durch die Art des Angriffs überrascht und weiß er sich
nicht sofort darauf zu vertheidigen, um so besser für jenen.
So kann es sogar taktisch rathsam erscheinen, eine nähere Ausführung des Rechtsmittels zu unterlassen. Ob damit freilich
immer der Gerechtigkeit gedient wird, ist eine andere Frage.
Nächst dem Gegner kommt aber auch das Gericht, wenn es
die Sache zum voraus prüfen will, bei unterlassener Aufstellung von Beschwerden oft in die mißlichste Lage. Es stehen
ihm zwar für die Prüfung die Akten der Vorinstanz zu Gebote.
Aber es muß sich nun aufs Rathen verlegen, was wohl bei
der mündlichen Verhandlung werde angegriffen werden, und
es muß daher den Streitstoff auf alle denkbaren Beschwerden
prüfen. Damit wird die Kraft des Gerichts zersplittert, oft
auch, wenn später die Ausführung der Beschwerden in anderer Weise erfolgt, ganz unnütz in Anspruch genommen. Auch
beim Reichsgerichte wird diese Belastung mit Arbeiten von zwei-
felhaftem Werthe bitter empfunden. Denn wenn man auch
dort sich verpflichtet hält, bezüglich der angegriffenen Theile
des Urtheils die Rechtsfragen umfassend und ohne Rücksicht
auf die Art des Angriffs zu prüfen, so ist doch eine solche
Lehre leichter theoretisch aufzustellen, als praktisch durchzuführen; und eine ohne alle bestimmte Angriffe vorgenommene
Prüfung verliert sich allzu leicht ins Ungemessene. Es ist für
einen höchsten Gerichtshof eine wahrhaft demüthigende Stellung, wenn in dieser Weise die Kräfte seiner Mitglieder nutzlos in Anspruch genommen werden. Kommen endlich in der
Berufungsinstanz auch noch neue Thatsachen oder Beweismittel vor, ohne daß diese durch eine Schrift vorbereitet sind, so

treten natürlich alle die Nachtheile ein, welche auch in erster Instanz an die unvorbereitete Verhandlung sich knüpfen. Namentlich muß dann öfters der Termin verlegt werden. Aber auch außerdem wird von den Gerichten bittere Klage darüber geführt, daß so häufig in der höheren Instanz die Termine, oft noch in letzter Stunde, ausgesetzt werden. Haben Vorsitzender und Berichterstatter sich für den Termin vorbereitet, so ist diese Arbeit einstweilen unnütz geworden und sie muß nun für den neuen Termin wiederholt werden. Darin liegt natürlich kein großer Anreiz zu einer gründlichen Vorbereitung. Auch der gesammte Geschäftsgang der Gerichte leidet darunter, wenn öfters wegen Aussetzung der Termine ganze oder halbe Sitzungen ausfallen. Um wenigstens den Parteien gegenüber bezüglich der durch solche Aussetzungen herbeigeführten Verzögerung der Prozesse das Gericht außer Schuld zu setzen, haben einzelne Präsidenten eingeführt, daß bei einer zweiten Terminsverlegung durch die Anwälte die Parteien persönlich benachrichtigt werden; was freilich von den Anwälten nicht angenehm empfunden wird.

Schließlich sei noch bemerkt, daß die aus der mangelnden Ordnung des Ganzen hervorgehende häufige Aussetzung der Termine auch an den Anwälten sich rächt. Denn viele Gerichte finden sich deshalb veranlaßt, alle Termine auf die erste Stunde des Gerichtstags anzusetzen. Dadurch werden die Anwälte genöthigt, schon frühzeitig zu erscheinen und unter Umständen den ganzen Morgen auf die Verhandlung ihrer Sache zu warten. Für Männer, die ihre Zeit anderweit verwerthen können, eine abscheuliche Zeitvergeudung.

IX.

Hat das Gesetz keine genügende Vorkehrung getroffen, daß zureichende Schriften von den Anwälten erstattet werden, so

hat es auch — und darin liegt der zweite Vorwurf gegen
dasselbe — keine genügende Vorkehrung getroffen, daß die er-
statteten Schriften in zureichender Weise vom Gerichte benutzt
werden. Wozu soll der Anwalt sich abmühen, Schriften sorg-
fältig anzufertigen, wenn er zu gewärtigen hat, daß das Gericht — das Gesetz gestattet es ihm ja — sie als nutzlos bei
Seite legt?

Wir wollen die einzelnen Verfahrungsweisen, wie sie
sich nach unseren obigen Mittheilungen herangebildet haben,
etwas näher betrachten. Dabei werden wir unser Augenmerk
nicht allein darauf zu richten haben, inwieweit diese Verfahrungsweisen eine gute Rechtspflege in der Gegenwart verbür-
gen, sondern auch inwieweit sie geeignet sind, die bei den Gerichten beschäftigten Vorbereitungsdiener genügend auszubilden.
Denn auf der Ausbildung der letzteren beruht die Rechtspflege
der Zukunft.

Es lassen sich nun bezüglich der Verfahrungsweise im Wesentlichen drei Gruppen unterscheiden; nämlich:
diejenigen Gerichte, welche die Schriften zu einer Vorberei-
    tung der mündlichen Verhandlung gar nicht benutzen;
die Gerichte, welche eine solche Vorbereitung eintreten lassen,
    jedoch ohne schriftliche Arbeit;
die Gerichte, bei welchen auf Grund der Schriftsätze eine
    schriftliche Vorarbeit des Berichterstatters angefertigt wird.

Die erste Gruppe bilden vorzugsweise diejenigen Gerichte,
welche die Gepflogenheiten ihres früheren französischen Prozesses
in das neue Verfahren übertragen haben.

Wir wollen hier zunächst den Verlauf des französischen
Prozesses, wie er aus dem Schreiben S. 385 und auch aus
andern uns zu Gebote stehenden Quellen sich ergiebt, schildern,
um dann eine Vergleichung des heutigen Verfahrens daran
zu knüpfen. Im französischen Proceß wurden zwar Schriften

zwischen den Anwälten gewechselt; aber das Gericht wurde vorläufig nichts davon gewahr. An das Gericht gelangten nur die s. g. Conclusionen, d. h. Anträge ohne sachlichen Inhalt. Dasselbe ging also völlig unvorbereitet in die Verhandlung hinein. Bezüglich der Betheiligung des Gerichts durch Ausübung des Fragrechts ꝛc. scheint keine gleichmäßige Übung bestanden zu haben. Nach Inhalt jenes Schreibens muß man annehmen, daß der französische Richter das Princip der Verhandlungsmaxime dahin aufgefaßt habe, daß er die mündliche Verhandlung völlig passiv an sich vorübergehen ließ. Nach andern Zeugnissen übte der Richter auch dort ein Fragrecht aus. Es liegt aber in der Natur der Sache, daß einem völlig unvorbereiteten Gericht es schwer fällt, das Fragrecht wahrhaft fruchtbringend zu machen. Da die einstudirten Reden der Advokaten das Gericht oft über das Thatsächliche des Falles sehr im Dunkeln ließen, so erachtete man als ein wichtiges Mittel zur Aufklärung der Sache die persönliche Vernehmung der Parteien. Das Erscheinen derselben wurde oftmals verordnet. Auch trat es schon deshalb häufiger ein, weil zufolge der Beschränkung des Zeugenbeweises sehr oft auf Eid erkannt wurde. Bei manchen Gerichten war es nicht selten, daß erst in der Eidesverhandlung die eigentliche Instruktion des Prozesses erfolgte. War nun der Thatbestand genügend aufgeklärt und auch die Sache rechtlich von einfacher Beschaffenheit, so erfolgte auf die mündliche Verhandlung alsbald der Urtheilsspruch. In allen übrigen Fällen, namentlich wenn es sich um zweifelhafte Rechtsfragen handelte, wurde die Entscheidung ausgesetzt. Dann ließ sich das Gericht die Handakten des Anwalts einreichen. Das Schreiben S. 385 bezeugt, daß in allen wichtigen Sachen die Anwälte zureichende Schriften verfaßt haben, auf welche man habe recurriren können. Nach andern Nachrichten waren auch diese Schriften (für welche die Anwälte zwar im Einzel-

nen bezahlt wurden, aber weit geringere Schreibgebühren er-
hielten, als die heutigen), oft sehr dürftig. Neben ihnen aber
fanden sich in den Akten mitunter für die Urtheilsfällung sehr
werthvolle Urkunden oder nach Angabe der Parteien ange-
fertigte Notizen. Diese Handakten der Anwälte in Verbindung mit der vorausgegangenen mündlichen Verhandlung und
der etwa stattgehabten persönlichen Vernehmung der Parteien
gaben dann die Grundlage des Urtheils ab. Für dessen Ertheilung war man an keine Frist gebunden. Man konnte deshalb,
wie das gedachte Schreiben bezeugt, die Akten bei den Mitgliedern circuliren lassen. Bei vielen Gerichten wurde aber
auch ein Referent ernannt, der vor der berathenden Sitzung
das Urtheil entwarf. In dieser Sitzung wurde dann das Urtheil beschlossen, resp. endgültig festgestellt. Dabei zerbrach man
sich auch nicht den Kopf, was und wie viel von dem Akteninhalt
wohl die Anwälte mündlich vorgetragen haben. Man nahm
an, daß, was in den Akten stehe, auch vorgetragen sei. Bei
dem Entwurf, sowie bei der definitiven Ausarbeitung des Urtheils hatte sich der Richter auch nicht damit zu quälen, einen
Thatbestand zurecht zu drechseln. Er machte blos Entscheidung
und Entscheidungsgründe. Wollte eine Partei das Urtheil, das
von dem Gerichtsschreiber in ein Buch eingetragen wurde, ausgefertigt haben, so mußte sie selbst den „Thatbestand" in der
Form der s. g. Qualitäten dazu liefern. Auf diese Weise kam
in allen wichtigeren und schwierigeren Sachen das Urtheil zu
Stande. War das nun eine Entscheidung auf mündliche Verhandlung? Doch in der That nur sehr relativ! Die mündliche Verhandlung hatte dem Richter ein vorläufig hingewor-
fenes Bild von der Sache gegeben. Das Wesentliche lag darin,
daß man später die Akten las und danach entschied. Auch bei
der französischen Mündlichkeit kam also doch die Schrift zufolge
ihrer natürlichen Schwerkraft zur Geltung; wobei man auch

5

von jeder Skrupulosität, „ob wohl etwas mündlich vorgetragen
sei", sich frei hielt. So wurde dieser Proceß, wenn auch nicht
gerade zu einem guten, doch zu einem völlig erträglichen.

Dieses ganze Verfahren hat man nun so viel wie möglich in den neuen Proceß herüber gerettet. Aber die neuen
Formen setzen ihm erhebliche Schwierigkeiten entgegen, wodurch der Proceß sicherlich nicht besser geworden ist. Jetzt bekommt das Gericht zwar die Schriften schon vor der mündlichen Verhandlung in die Hände. Aber getreu der Gewohnheit, läßt man sie vorläufig ganz außer Acht. Man geht,
wie sonst, unvorbereitet in die mündliche Verhandlung. Erst
nach der Verhandlung nimmt man die Akten zur Hand, läßt
sich auch wohl noch die Handakten der Anwälte aushändigen.
Nun soll aber die Entscheidung in 8 Tagen ertheilt werden.
Da kann man die Akten nicht mehr, wie früher, circuliren
lassen. Man muß nothgedrungen zu dem System des Berichterstatters übergehen, welcher allein die Akten liest und
danach in der berathenden Sitzung seine Anträge stellt. Dabei soll nun auch, wenigstens nach den Entscheidungen des
Reichsgerichts, sich genau an das gehalten werden, was wirklich mündlich vorgetragen ist. (Ob man es freilich thut, ist
eine andere Frage.) Endlich hat auch der Berichterstatter die
schwierige und höchst verantwortliche Aufgabe überkommen,
im Urtheil einen „Thatbestand" anzufertigen. Wenn man
das alles erwägt, kann man nicht zweifeln, daß das neue
Verfahren dem früheren französischen im Werthe weit nach-
steht. Die Unfruchtbarkeit der mündlichen Verhandlung wegen
mangelnder Vorbereitung des Gerichts ist die nämliche geblieben. Die darauf folgende eigentliche Bearbeitung der
Sache ist wesentlich beeinträchtigt. Man erwäge nur den Geschäftsgang, wie er in dem Schreiben S. 385 dargestellt ist.

Donnerstag, Freitag und Sonnabend wird mündlich verhandelt, an jedem Tage etwa drei Sachen. In der Mehrzahl
der Sachen wird die Berathung ausgesetzt. Damit giebt man
für diese Sachen die mündliche Verhandlung als eigentliche
Grundlage des Urtheils auf. Ich möchte einmal die Richter
sehen, welche, nachdem ihnen in der Vorwoche drei Tage lang
ununterbrochen eine ganze Reihe von Sachen vor den Ohren
vorübergeschwirrt sind, am folgenden Dienstag von jeder dieser
Sachen noch so viel wüßten, daß sie darauf hin ein sicheres
Urtheil fällen könnten. Die Hauptsache wird hiernach der
Berichterstatter mit Hülfe der Akten thun müssen. Aber wie
ist seine Zeit zusammengepreßt! Abgesehen von den Aben-
den der Sitzungstage, hat er nur zwei Tage, Sonntag und
Montag, um die Sachen, die er im Referate hat, und deren
je zwei oder drei auf ein Mitglied fallen werden, zu bearbeiten. Für die schon beschlossenen Sachen muß er die Urtheile anfertigen; in den ausgesetzten hat er die Akten zu
lesen und sich zur Stellung seiner Anträge vorzubereiten. Am
Dienstag ist dann berathende Sitzung, in welcher der Berichterstatter die Sache, natürlich nach den Akten, vortragen wird,
worauf man das Urtheil beschließt. Dann bleibt noch der
Mittwoch, um die beschlossenen Urtheile, einschließlich Thatbestandes, abzufassen. Der verehrte Schreiber des Briefes S. 385
mag mir nicht übel nehmen, wenn ich den Zweifel ausspreche,
ob auf diese Weise eine gediegene Rechtsprechung aufrecht erhalten werden kann. Schwierige Sachen lassen sich nicht in
dieser schleunigen Weise gut erledigen. Vollends unerfindlich
ist mir, wie man bei diesem Geschäftsgang Referendare heran-
bilden kann. Auch möchte ich glauben, daß die durch volle
drei Tage sich hinziehenden mündlichen Verhandlungen nach
Verhältniß ihres sachlichen Werthes zu viel Zeit wegnehmen.

5 *

Freilich fehlt es nicht an Gründen, mit denen man dieses Verfahren, namentlich das gerichtsseitige Unterlassen des Akten-lesens vor, der Verhandlung, vertheidigt. In dem gedachten Schreiben wird gesagt: derjenige, welcher die Akten nicht kenne, werde durch die mündliche Verhandlung besser informirt, als derjenige, welcher vorher die Akten gelesen habe. Ich halte dies für eine Selbsttäuschung, die vielleicht auf folgender Ver-wechselung beruht. Es ist ja unzweifelhaft, daß derjenige, welcher die Akten nicht kennt, in Vergleich mit dem, welcher sie gelesen hat, ungleich mehr Neues durch die mündliche Ver-handlung erfährt, weil ihm eben alles neu ist; und in diesem Sinne kann er sagen, daß er d u r c h die Verhandlung „besser informirt" w e r d e. Eine andere Frage aber ist, ob er auch n a c h der mündlichen Verhandlung „besser informirt" ist; d. h. ob er des Sachverhalts besser kundig ist, als der, welcher zugleich die Akten gelesen hat. Wer das von sich behaupten wollte, würde eine völlig anomale Menschennatur für sich in Anspruch nehmen. Ich habe vielen hundert mündlichen Ver-handlungen als Richter beigewohnt, bei welchen ein oder zwei Mitglieder die Akten gelesen hatten, die übrigen nicht. Nie aber habe ich bei der darauf folgenden Berathung ge-funden, daß die letzteren besser sachlich informirt gewesen wären, als die ersteren. Es ist auch diese Ansicht niemals in den Kollegien, denen ich angehört habe, aufgetaucht. Nicht minder halte ich es für eine Selbsttäuschung, wenn gesagt wird, daß der Vorsitzende, auch ohne die Akten zu kennen, sehr wohl im Stande sei, die in § 130 gebotenen Auf-klärungsfragen in zureichender Weise zu stellen. Es kommt ja dabei ohne Zweifel sehr viel auf die individuelle Begabung und Geschäftsgewandtheit des Vorsitzenden an. Im Allge-meinen aber pflegen die zu stellenden Fragen nicht so offen auf der Hand zu liegen, daß man sie auf kurze Ueberlegung hin gut stellen könnte.[1]) Endlich sagt man auch, der Richter dürfe die Akten vor der Verhandlung nicht lesen, weil er dadurch leicht ein falsches Bild von der Sache gewinne, welches ihn der mündlichen Verhandlung gegenüber befangen mache. Ach! wenn es nur keine schlimmeren Befangenheiten im Richterstande gäbe, als diese! Der Argwohn dieser Befangenheit beruht auf verschiedenen Unterstellungen. Manche scheinen anzunehmen, daß die mündliche Verhandlung, auch wenn sie sachlich nichts Neues bringe, doch ein ganz eigenthümliches Fluidum entwickele, welches ungeahnte Wirkungen hervorrufe. Ueber diese Ansicht verliere ich weiter kein Wort. In Wahrheit könnte die Gefahr der Befangenheit nur dadurch begründet werden, daß die mündliche Verhandlung sachlich etwas ganz anderes brächte, als das, was in den Schriften enthalten ist. Möglich, daß dieser Fall in Frankreich häufiger eintrat, weil dort die Schriften von dem avoué verfaßt wurden, während ein anderer Mann, der avocat, die Sache plaidirte. Auch aus München wird uns in der obigen Mittheilung (S. 369) bezeugt, daß sich dort thatsächlich ein ähnliches Verhältniß gebildet hat. Aber dieses Verhältniß ist doch zu ungesund, als daß es normgebend sein dürfte. Hat derselbe Mann, welcher vor Gericht redet, die Schriften verfaßt, so ist in der That nicht abzusehen, wie er dazu kommen sollte, etwas ganz anderes zu reden. Allerdings ist ja möglich, daß der Anwalt

---

1) Während der Jahre 1852—67 habe ich selbst bei der mündlichen Verhandlung das Fragerecht vielfach, vielleicht mehr als die meisten andern Richter, geübt. Wir pflegten in Kurhessen sogar schon in der Verfügung, welche die mündliche Verhandlung anberaumte, die Parteien auf die zu erläuternden Punkte hinzuweisen. Dadurch wurde die mündliche Verhandlung äußerst fruchtbar gemacht, wenn auch oft nur in der Richtung, daß sich herausstellte, daß die Partei ihr Vorbringen näher zu erläutern eben außer Stande sei. Darüber aber bin ich nach den gemachten Erfahrungen nicht zweifelhaft, daß eine solche Fragstellung g u t nur geübt werden kann, wenn man die Sache vorher studirt und erwogen hat.

bei Abfassung der Schriften noch unvollständig instruirt ge=
wesen und daß er deshalb genöthigt ist, bei der mündlichen
Verhandlung Neues vorzubringen oder vorgekommene Irrungen
zu berichtigen. Hebt aber der Anwalt dieses bei der Ver=
handlung hervor, so ist doch gewiß die Gefahr gering, daß
der Richter, weil er nun einmal die Akten gelesen, bei der
gegentheiligen Annahme beharren und die Berichtigung in den
Wind schlagen sollte. Jedenfalls halte ich dafür, daß der in
der vermeintlichen „Bewahrung der richterlichen Unbefangen=
heit" liegende Vortheil bei weitem überwogen wird durch den
Nachtheil, daß ohne vorgängiges Aktenlesen die mündliche
Verhandlung weit schlechter verstanden wird und weit weniger
(durch Aufklärungsfragen ꝛc.) nutzbar gemacht werden kann;
ganz zu schweigen davon, daß, wenn in einem solchen Falle
das Urtheil auf der Stelle gegeben wird, dasselbe zu einer
bloßen Improvisation herabsinkt.

Es möge hier noch eine kurze Betrachtung sich an=
schließen über das im französischen Verfahren zur Erforschung
des Sachverhalts oft gebrauchte Hülfsmittel einer persönlichen
Vernehmung der Parteien. Ich möchte glauben, daß die
dortige Beliebtheit dieses Mittels nur aus Noth hervorge=
gangen sei, indem die übrigen Mittel für eine zureichende
Klarstellung der Thatsachen ihren Dienst versagten. Der § 132
der Civil=Prozeß=Ordnung giebt auch in Deutschland die Mög=
lichkeit, sich dieses Mittels zu bedienen. Der gedachte Para=
graph ist erst auf Grund eines in der Reichsjustizkommission ge=
stellten und nicht ohne Widerspruch zum Beschluß erhobenen
Antrags in das Gesetz aufgenommen. Es ist ja möglich, daß
in einem oder dem anderen Falle eine solche persönliche Ver=
nehmung der Parteien zur Aufklärung der Sache dienlich ist.
Oefters pflegen sich ja auch die Parteien im Verhandlungstermin
persönlich einzufinden, sei es, um ihrem Anwalt zur Ertheilung

der nöthigen Aufklärungen an die Hand zu gehen, sei es, um
selbst diese Aufklärungen zu geben. Gleichwohl würde eine
regelmäßige zwangsweise Heranziehung der Parteien für diesen
Zweck nicht unbedenklich sein. In Bagatellsachen in welchen
schon der Kostenersparniß halber es wünschenswerth ist, daß die
Parteien wo möglich persönlich auftreten, hat ja allerdings der
mit ihnen verhandelnde Einzelrichter die Aufgabe, das Thatsächliche des Falles aus ihrem oft verworrenen Vorbringen herauszufinden. Bei einer kollegialischen Verhandlung aber, wo Anwälte auftreten, ist es doch naturgemäß die Aufgabe der letzteren,
die Thatsachen aus dem Munde ihrer Auftraggeber zu ermitteln.
Abgesehen davon, daß vielleicht die mit einem persönlichen Verhör verbundene Unannehmlichkeit, die dadurch hervorgerufene
Aufregung rc., manche Partei noch härter treffen würde, als
selbst der Verlust des Processes, so führt ein solches Verhör auch
durchaus nicht immer zu sichern Ergebnissen. Die Parteien
sind verlegen, sie wissen nicht sich richtig auszudrücken, sie wissen
nicht, wie viel und wie wenig sie sagen sollen. Aus mißver-
standener Proceßtaktik — die ja im guten Sinne angewendet
durchaus keine Sünde ist — verschweigen sie vielleicht Dinge,
die ihnen zum Vortheil gereichen, oder sie bringen unnöthige
Dinge vor, die ihnen zum Nachtheil dienen. Eine solche Vernehmung bildet hiernach kein sicheres Mittel, um die Gerechtigkeit zu fördern.[1]) Sie hat auch, so viel mir bekannt, bisher in
der Praxis der deutschen Gerichte wenig Eingang gefunden.
Ob sie bei den Gerichten, welche früher unter der Herrschaft des

---

1) Es war charakteristisch für den einen Theil der Reichsjustizkommission beherrschenden Sinn, daß dort sogar „die Zulassung einer zeugen-
eidlichen Vernehmung der Parteien", welche man als die „Krönung des
Neubaues" bezeichnete, brantragt wurde. Mit einer solchen unter das
Zwangsmittel eines zuvor geleisteten Eides gestellten Inquisition würde
man ein Stückchen Folter in den Civilproceß eingeführt haben.

französischen Verfahrens standen, noch häufig gebraucht wird, ist mir nicht bekannt. Jedenfalls darf man auf sie nicht verweisen, um das Unzureichende der übrigen Mittel zur Aufklärung der Sache zu entschuldigen.

Nach dem Allen ist das Verfahren, wie es sich in den Ländern französischen Rechtes auf Grund der neuen Proceßordnung herangebildet hat, sicherlich kein gutes zu nennen. Es ist eine neue, aber verschlechterte Ausgabe des französischen Processes.

Was die rechtsrheinischen Länder betrifft, in denen (nach den obigen Mittheilungen) gleichfalls das Gericht ohne jede Vorbereitung in die mündliche Verhandlung hineingeht, so darf man wohl unterstellen, daß auch hier wenigstens nach dem Verhandlungstermin eine ähnliche Benutzung der Akten stattfindet, wie die aus den Ländern des französischen Processes geschilderte. Dann trifft für sie alles das zu, was soeben über das Verfahren der Gerichte in den letzteren Ländern bemerkt wurde. Sollte es aber Gerichte geben, welche weder vor noch nach dem Termin die Akten benutzten, vielmehr wirklich allein auf Grund der mündlichen Verhandlung kurzweg die Sachen entschieden, so würde ich das für die denkbar schlechteste Justiz halten, welche in Deutschland vorkommen kann.

Einer gänzlichen Unterlassung der Vorbereitung des Gerichts für die mündliche Verhandlung steht es auch ganz nahe, wenn die Schriftsätze nicht anders benutzt werden, als daß sie der Vorsitzende allein in die Hände bekommt, um sich für die Leitung der mündlichen Verhandlung vorzubereiten. Daß der Vorsitzende, wenn er allein die Akten liest, nicht im Stande ist, tiefeingehend die Sachen zu bearbeiten, liegt auf der Hand. Denn die Kräfte eines Mannes reichen unmöglich für eine solche Bearbeitung aller an das Gericht gelangenden Sachen aus. Das Aktenlesen des Vorsitzenden allein wird

kaum weiter reichen, als daß es ihm die formale Leitung der
Sache und wohl auch das Verständniß der mündlichen Verhandlung einigermaßen erleichtert.

X.

Wir wenden uns nun zu denjenigen Arten des Verfahrens,
bei welchen eine Vorbereitung des Gerichts für den Verhandlungstermin mit Hülfe der Schriftsätze, jedoch ohne schriftliche
Arbeit eines Gerichtsmitglieds, stattfindet. Diese Vorbereitung
tritt in zwei Formen auf.

Die eine dieser Formen besteht darin, daß vor der Verhandlung die Akten bei sämmtlichen Gerichtsmitgliedern circuliren, so daß jeder einzelne sie zu lesen und sich für die Sache
vorzubereiten im Stande ist. (So z. B. in Mecklenburg.)

Die andere Form besteht darin, daß ein Berichterstatter ernannt wird, der die Akten eine Zeitlang vor dem Termin zum Studium bekommt und sie dann an den Vorsitzenden
zu seiner Vorbereitung abgiebt. (So in Hannover.)

Der Werth der erstgedachten Einrichtung soll nicht unter-
schätzt werden. Wenn sämmtliche Mitglieder des Gerichts die
Akten gelesen haben, so ist das für das Verständniß der mündlichen Verhandlung und für die Berathung von entschiedenem
Werth. Jene Einrichtung kann daher einigermaßen als Ersatz
einer schriftlichen Vorarbeit gelten; und vielleicht findet man sich
bei manchen Gerichten zu diesem Ersatzmittel zu greifen dadurch
genöthigt, daß der unregelmäßige Eingang der Schriftsätze eine
regelmäßige schriftliche Vorarbeit unmöglich macht. Gleichwohl bin ich der Ansicht, daß diese Einrichtung die schriftliche
Vorarbeit keineswegs vollständig ersetzen kann. Es ist gewiß
besser, daß e i n Mitglied des Gerichts sich ordentlich (d. h. schriftlich) vorbereitet, als daß alle Mitglieder ungenügend vorbereitet sind. Das Circuliren der Akten gewährt keine Kontrole,

wie viel Arbeit jeder Einzelne den Sachen zuwendet. Einer verläßt sich leicht auf den andern. Zufällige Umstände können den Einzelnen ganz am Aktenlesen hindern. Die Einrichtung wird aber auch nicht einmal überall getroffen werden können. Bei den Landgerichten, wo nur drei Richter mitwirken, wo es also nur darum sich handelt, daß neben dem Berichterstatter und dem Vorsitzenden noch ein Dritter die Akten liest, wird dies schon eher gehen, als bei den Oberlandesgerichten, wo fünf Richter die Akten lesen müßten. Aber auch bei einem vielbeschäftigten Landgerichte (wie z. B. in Preußen die meisten sind) wird es schwerlich zu erreichen sein, daß jeder Richter in jeder vor ihm zu verhandelnden Sache die Akten lese. Es fehlt an Zeit, ganz abgesehen von der Schwierigkeit des Aktenumhersendens an größeren Orten.

Die zweite obengedachte Einrichtung halte ich für eine ungenügende. Das bloße „Durchdenken" der Sache, auf welches der Berichterstatter angewiesen ist, giebt keine Garantie gründlicher Vorbereitung. Man braucht dabei nicht einen Mangel an Gewissenhaftigkeit zu unterstellen. Es tritt bei dieser Art der Vorbereitung nur allzu leicht ein, daß man sich selbst etwas weiß macht. Die rechte Probe darauf, ob man mit seinen Gedanken in's Reine gekommen ist, erzielt man erst durch die Niederschrift. Dazu kommt, daß die schriftliche Arbeit des Berichterstatters zugleich von unschätzbarem Werth ist für die Vorbereitung des Vorsitzenden. Dieser kann ganz anders die Sache studiren, wenn ihm die schriftliche Arbeit eines Mitgliedes bereits vorliegt.

Hiernach halte ich diejenige Art des Arbeitens, wie sie beim Reichsgericht, bei vielen Oberlandesgerichten und auch bei manchen, namentlich preußischen Landgerichten noch geübt wird, daß nämlich von dem ernannten Berichterstatter vor dem Termin auf Grund der Schriftsätze eine schriftliche Vorarbeit

geliefert und mit dieſer die Sache zeitig an den Vorſitzenden
zur weitern Prüfung abgegeben wird, für diejenige, mittels
welcher allein eine gediegene Rechtſprechung aufrecht erhalten
werden kann. Natürlich ſetzt dieſelbe voraus, daß Schriftſätze
vorhanden ſind, auf deren Grundlage eine ſolche Bearbeitung
möglich iſt.

Daß überhaupt in den Kollegialgerichten noch ſchriftlich
gearbeitet werde, hat nicht nur ein Intereſſe für die Ent-
ſcheidung des einzelnen Falles, ſondern auch für die Aufrecht-
haltung einer praktiſchen Rechtswiſſenſchaft überhaupt. Kämen
wir Juriſten als fertige Leute von der Univerſität, ſo möchten
ja die Richter immerhin einer ſo gründlichen Vorbereitung
nicht bedürfen. So liegt die Sache aber nicht. Auf der
Univerſität lernen wir vielfach nur die Rudimente unſeres
Wiſſens. Die Praxis muß ſich erſt einen guten Theil ihrer
Wiſſenſchaft ſelbſt bilden. Auch nach Ablauf der Referendar-
zeit ſind wir mit unſerem Wiſſen noch lange nicht fertig.
Der Juriſt, wenn er ſeinen Beruf recht erfüllen will, hat noch
immer zu lernen. Nur dadurch, daß jeder Einzelne unausge-
ſetzt ſich fortzubilden bemüht iſt, wird die geſammte praktiſche
Rechtswiſſenſchaft auf ihrer Höhe erhalten. Für dieſe Fort-
bildung des Einzelnen, welche wieder dem Ganzen zu gute
kommt, iſt aber die Geiſtesgymnaſtik, welche in der ſelbſt-
thätigen Niederſchrift eignen juriſtiſchen Denkens liegt, unent-
behrlich. Die Abfaſſung bereits beſchloſſener Urtheile kann ſie
nicht erſetzen, weil hierbei nur ſchon gegebene Gedanken zu
formuliren ſind, was bei weitem nicht in gleichem Maße
bildend wirkt.

Selbſt bei denjenigen Gerichten, in welchen die Mitglieder ſich des Schreibens überhoben halten, läßt man doch,
wie mehrfach bezeugt wird, die Referendare ſchriftlich arbeiten.
Damit erkennt man an, daß die Schrift eine weit gründ-

lichere Arbeit ist. Für den Referendar hat aber seine schriftliche Arbeit nur halben Werth, wenn ihr nicht auch die
schriftliche Arbeit eines Mitgliedes hinzutritt, an welcher er sich
gleichsam geistig emporranken kann. Schon im Interesse des
Beispiels und der Belehrung für die juristische Jugend sollte deshalb die schriftliche Arbeit auch der Mitglieder nicht unterbleiben.
Ich kann nicht umhin, die Ueberzeugung auszusprechen, daß,
wo es an einem solchen gründlichen Arbeiten innerhalb des
Kollegs fehlt, auch die Referendare nur eine oberflächliche Ausbildung erhalten werden.

Der Hauptgrund, welcher gegen die schriftliche Vorarbeit
geltend gemacht wird, ist der nämliche, welchen man auch in
Ländern des französischen Processes dem vorgängigen Aktenlesen entgegenstellt. Man sagt, der Richter werde dadurch für
die mündliche Verhandlung befangen gemacht. Es trifft hier
alles das zu, was gegen die vermeintliche Gefahr der Befangenheit bereits oben (S. 407) gesagt ist. Es ist ja möglich, daß die mündliche Verhandlung etwas Neues bringt,
was in den Schriften nicht enthalten ist und was deshalb
von dem Berichterstatter bei seiner Vorarbeit nicht berücksichtigt
werden konnte. Sollte nun in einem solchen Falle der Berichterstatter, weil seine schriftliche Arbeit nicht mehr ganz paßt,
sich „befangen" zeigen, nun, so sind ja noch immer seine
Kollegen zur Stelle; ganz abgesehen davon, daß es ein
jämmerlicher Richter sein müßte, der dem vorgebrachten Neuen
gegenüber nicht die Resignation üben könnte, sein Votum entsprechend abzuändern. Eine gänzliche Umwandlung in der
Physiognomie des Processes durch die mündliche Verhandlung
könnte in Wahrheit nur eintreten, wenn die Anwälte ihre
Schriften völlig oberflächlich und leichtfertig gearbeitet hätten.
Eine solche Sachbehandlung verdient aber nicht die Gunst,
daß man sie zur Grundlage des ganzen Geschäftsganges

macht.[1]) Jedenfalls trifft auch hier zu, daß der Vortheil, den eine gründliche Bearbeitung des in den Schriften niedergelegten Materials mit sich bringt, bei weitem den Nachtheil überwiegt, der aus der Besorgniß einer befangenen Beurtheilung des erst in der mündlichen Verhandlung neu auftauchenden Materials erwächst.

Ein anderes Schlagwort, welches man der schriftlichen Vorarbeit des Berichterstatters entgegensetzt, ist das Wort „Referentenwirthschaft". Auch hierin liegt nur ein Schein-Einwurf. Es hat stets Kollegien gegeben und wird auch wohl in Zukunft solche geben, in welchen die Stimme eines einzelnen Mitgliedes oder auch des jeweiligen ersten Votanten einen überwiegenden Einfluß übt. Es beruht dies natürlich auf der Schwäche der übrigen Mitglieder. Ist aber ein Kolleg innerlich so schwach, daß es zu einer wahrhaft kollegialischen Thätigkeit sich nicht erheben kann, so ist es noch immer besser, wenn jedes Urtheil auf Grund des wohldurchdachten Votums e i n e s Mitglieds gegeben wird, als g a r k e i n e s.

Wir wollen nun noch einige besondere Arten des Verfahrens betrachten, die in den mitgetheilten Zuschriften uns entgegentreten.

Nur gerüchtweise wird angedeutet, daß bei manchen Gerichten eine mündliche Verhandlung in Wahrheit gar nicht stattfinde, vielmehr mit der Bemerkung sich begnügt werde, „daß die Anwälte ihren Schriften nichts zuzusetzen haben." Sollten wirklich solche Zustände sich irgendwo gebildet haben,

---

1) Läge es wirklich in der Natur der Sache, daß die Anwälte in den Schriften den Streitstoff nur höchst unvollkommen darzustellen im Stande seien, der wahre Proceß vielmehr erst in der mündlichen Verhandlung zu Tage trete, so müßte man annehmen, daß in allen früheren Procesverfahren, welche eine mündliche Verhandlung mit völlig neuem Vorbringen nicht kannten, das Urtheil regelmäßig auf unzureichender Grundlage ergangen sei. Kann das wohl jemand in Ernst behaupten?

so muß man annehmen, daß sie — da sie ohne Zweifel dem
Gesetz nicht entsprechen, — mit einer Art elementaren Gewalt
aufgetreten sind. Es läßt sich das auch erklären. Man wird
sich erinnern, daß auch in dem früheren preußischen Proceß
bei manchen Gerichten die mündliche Verhandlung regelmäßig
sich darauf beschränkte, daß — und zwar selbst in Sachen,
wo ein Reden wohl am Platze gewesen wäre — die Anwälte
nach dem Vortrage des Referenten erklärten, „sie haben den
Schriften nichts zuzusetzen." Aus solchen Erscheinungen hat
man dann dem preußischen Proceß den Vorwurf gemacht,
daß in ihm die Mündlichkeit sich nicht entwickelt habe. Es
war dies aber in der That nicht ein Fehler der Sache, sondern ein Fehler der Personen. Was soll die Mündlichkeit,
wenn Richter und Anwälte nichts damit anzufangen wissen?
Und wenn nun jetzt die nämlichen oder ähnlich beschaffene
Personen zu handeln haben und von ihnen in dem allseitigen
Bewußtsein, daß bei einer mündlichen Verhandlung doch nichts
Anderes und nichts Besseres herauskommt, als was auch in den
Schriften steht, bei wahrscheinlich sehr bedrängter Zeit mit der
nämlichen Bemerkung sich begnügt wird, so kann man das wohl
im Hinblick auf die Gesetzwidrigkeit des Verfahrens und auf
die darin sich aussprechende Geistlosigkeit der Justizübung be-
klagen. Da aber ein neues Processgesetz nun einmal keinen
Geist schaffen kann, so wird ein wesentlicher Schaden dadurch
nicht herbeigeführt. In Vergleich damit hatte jedoch der frühere
preußische Proceß, auch wenn im concreten Falle die „Mündlichkeit" sich nicht entwickelte, jedenfalls den Vorzug, daß der
Gerichtsreferent genöthigt war, öffentlich den Thatbestand des
Falles vorzutragen und damit über sein Aktenstudium gleichsam Rechenschaft abzulegen, während in dem oben gedachten
Verfahren der Referent nun erst im Berathungszimmer seinen
Vortrag ohne jede Kontrole der Parteien halten wird. Auch
hier ist also das Verfahren nicht besser geworden.

Eigenthümlich ist auch das Verfahren, wie es in dem Berichte S. 378 aus Würtemberg geschildert wird. Es ist gleichsam eine Kombination aus dem Verfahren der hannoverschen und der linksrheinischen Gerichte. Berichterstatter und Vorsitzender bereiten sich durch Aktenlesen auf die mündliche Verhandlung vor. Die Hauptarbeit scheint aber doch erst hinter der mündlichen Verhandlung zu liegen, was dadurch ermöglicht wird, daß man die Berathung und Entscheidung regelmäßig aussetzt, und nun der Referent mit Hülfe der Akten zu arbeiten beginnt. Diesem Verfahren ist eine gewisse Solidität nicht abzusprechen. Wenn nun aber die mündliche Verhandlung uns dahin beschrieben wird, daß darin die Anwälte ihre Schriften „beinahe wörtlich" vortragen, so ist das kaum noch eine mündliche Verhandlung zu nennen. Denn der beste Werth der Mündlichkeit, der eben in der lebendigen Darstellung besteht, geht damit verloren. Jenes Verfahren ist im Wesentlichen ein schriftlicher Proceß mit einem Schlußtermin, in welchem die Anwälte noch Verbesserungen ihrer Schriften nachtragen können. Die Form aber, in welcher die Schriften dem Gerichte zur Anschauung gebracht werden, ist gewiß keine besonders geistanregende.

XI.

Der dritte Hauptvorwurf, der gegen den Aufbau des ganzen Verfahrens der neuen Proceßordnung zu erheben ist, richtet sich gegen die Lehre vom Thatbestand des Urtheils.

Im französischen Proceß, wo das Gericht keine Akten besaß, diese vielmehr nur für Ertheilung der Entscheidung von den Anwälten borgte, mußte man, um dem Urtheil doch eine gewisse thatsächliche Grundlage zu geben, nach einem künstlichen Mittel greifen. Man schuf dieses Mittel in den sog. Qualitäten, von welchen die Art. 142—45 des Code de procedure civile handeln. Der Anwalt, welcher ein Urtheil ausgefertigt haben will, muß diese Qualitäten, d. h. den That-bestand des Falles aufzeichnen und nach eingeholter Zustimmung des Gegenanwalts bei Gericht einreichen. Erhebt der Gegenanwalt einen Widerspruch, so entscheidet der Gerichts-präsident. Mit diesen Qualitäten wird dann das (im Uebrigen längst fertige) Urtheil vom Gericht ausgefertigt. Diese Ange-legenheit hat aber eine interessante Vorgeschichte. Die Quali-täten waren keineswegs die ursprüngliche Einrichtung. Nach der im August 1790 geschaffenen Proceßordnung sollte das ganze Urtheil, auch der Thatbestand, vom Gerichte abgefaßt werden. Aber man machte hiermit so schlimme Erfahrungen, daß man sehr bald zu dem System der Qualitäten überging. Es ist interessant, was darüber ein Schriftsteller, der auf dem Gebiete des französischen Processes als Autorität gilt, berichtet. Schlink (Commentar über die französische Civilproceßordnung. 2. Auflage, 1856, Bd. 2 S. 530 flg.) sagt:

„Aus unserer vieljährigen Erfahrung können wir (d. h. der Verfasser) versichern, daß die Qualitäten häufig auf die liederlichste Weise aufgestellt werden; daß darin oft gesagt wird, daß das Faktum aus den Anträgen erhelle, während diese kein Faktum enthalten; daß die Schreiber, denen diese als mechanisch erachtete Arbeit überlassen zu werden pflegt, die Anträge entstellen u. s. w. Wenn daher einem Laien oder einem deutschen Juristen manches nach der Civilproceßordnung abgefaßte Urtheil in die Hand kommt, ist es nicht zu verargen, daß sie ihrem Unwillen Luft machen und in den bittersten Tadel ausbrechen. Ist es doch in die Macht eines Advokatenschreibers gelegt, das Ansehen eines ganzen Gerichts zu compromittiren, indem er ein Faktum aufstellt, welches mit den im Urtheil be-rührten Thatsachen im Widerspruch steht! Bald sind die Quali-täten übermäßig lang und vertheuern ungemein die Ausfertigung des Urtheils; bald sind sie so gehaltlos, daß man einen Schlüssel nöthig hat, um das Urtheil zu verstehen. — Ungeachtet dieser und anderer Mängel scheint uns die heutige Vorschrift vor der von 1790 den Vorzug zu verdienen; denn absichtlich ist diese abgeändert worden, weil sie in der Erfahrung sich als gefährlich ergeben hatte. Ist dem Richter die Aufstellung des Thatbestandes überlassen, so wird er unwillkürlich in Versuchung gebracht, denselben mit seiner Meinung in Uebereinstimmung zu bringen, und den Parteien Erklärungen in den Mund zu legen, die nicht von ihnen ausgegangen sind, sondern die er sich aus einseitigen Schlüssen construirt hat, so daß, wenn die Sache in die Appellationsinstanz gelangt, die eingerückten Erklärungen und Zugeständnisse ihre Vertheidigung ungemein erschweren oder gar unmöglich machen. Die Advokaten und Anwälte haben häufig Gelegenheit, sich von der Wirklichkeit dieser Gefahr zu überzeugen, indem die F r i e d e n s r i c h t e r ihre Urtheile i n a l l e n T h e i l e n abfassen, und nicht wenige Clienten sich darüber bitter beklagen, daß ihre Einreden und Rechtsmittel entweder gar nicht oder irrig niedergeschrieben worden seien, und man ihnen unrichtige Geständnisse in den Mund gelegt habe. Absichtlich mögen solche Unrichtigkeiten nur höchst selten unterlaufen; allein der Friedensrichter kann oft bei dem Drange seiner Geschäfte das Urtheil nicht auf der Stelle entwerfen, und wenn er das Geschäft später verrichtet, so mag der erste Eindruck halb verwischt sein, und er kann aus Mangelhaftigkeit des Gedächtnisses einen unwillkürlichen Irrthum begehen. — Die Anträge, Erklärungen und Geständnisse sind das Werk der Parteien bez. ihrer Sachwalter, und man kann daher denselben eine Controle bei der Uebertragung in das Urtheil nicht versagen. Dies hat auch die preuß. allgemeine Gerichtsordnung

6

gefühlt, Theil I Titel X 39 ff., und die Zuziehung der Parteien bei Anfertigung des status c. et c. vorgeschrieben."

Schlink will das System des code de procedure civile beibehalten, jedoch dadurch verbessern, daß die Qualitäten schon vor den Plaidoyer aufgesetzt, daß sie bei den Plaidoyer dem Gericht überreicht werden und daß das Gericht hierbei die Anwälte zur Verbesserung etwaiger Mängel anhalten kann.

Es lagen also schon ausreichende Erfahrungen darüber vor, daß ein vom Gericht angefertigter Thatbestand die Gefahr von Irrungen in hohem Maße in sich trage. Die hannoversche Proceßordnung hatte freilich die Anfertigung des Thatbestandes durch den Richter wieder aufgenommen. Aber die Gefahr wurde doch abgeschwächt durch die Vorschrift in § 102, wonach Abweichungen von den Schriften auch von Amtswegen durch das Sitzungsprotokoll festzustellen waren. Danach mußte der Thatbestand des Urtheils seine Grundlage in den Schriften oder in dem Sitzungsprotokoll finden. Die bayerische Proceßordnung hat die französischen Qualitäten übernommen. Der norddeutsche Entwurf wollte zwar einen vom Richter aufgestellten Thatbestand; aber für die feststellende Kraft desselben sollte unterschieden werden zwischen dem, was darin bezeugt oder nur erwähnt worden. Wie man auch über die praktische Durchführbarkeit dieser Unterscheidung denken mag, so lag doch darin unverkennbar ein gewisses Gerechtigkeitsgefühl. Erst der deutschen Proceßordnung war es vorbehalten, unter Mißachtung aller gemachten Erfahrungen die Anfertigung des Thatbestandes mit der Wirkung absoluter Feststellung der Thatsachen in die Hand des Richters zu legen. Daß die zugelassene „Berichtigung des Thatbestandes" ein in der Regel illusorisches Rechtsmittel ist, ist bereits oben erwähnt. Auch die Vorschrift in § 270 der CPO., wonach Abweichungen von den Schriftsätzen auf Antrag der Parteien durch das Protokoll festgestellt werden können, giebt keinen zureichenden Schutz gegen die Gefahren dieser Einrichtung. Denn diese Vorschrift gewährt der Partei nur die Möglichkeit, sich dagegen zu sichern, daß bewußter Weise von ihr vorgebrachte Abweichungen von den Schriften unbeachtet bleiben. Sie gewährt aber keinen Schutz dagegen, daß die Partei, welche völlig übereinstimmend mit ihren Schriften verhandelt hat oder doch verhandelt zu haben glaubt, nicht vielleicht in dem Thatbestande sich etwas ganz anderes in den Mund gelegt findet, als was in den Schriften steht [1]). Daß diese Gefahr keine blos eingebildete ist, beweisen die zahlreichen Beschwerden und Klagen, welche über Unrichtigkeiten des Thatbestandes in höheren Instanzen geführt werden.

Zur Rechtfertigung der Vorschriften der Proceßordnung sagen die Motive (§ 3) folgendes: „Das System der Qualitäten wird schwerlich deutsches Proceßrecht werden können. Die Rücksicht, daß in Folge dieses Systems den Richtern ein gutes Stück nicht gerade angenehmer Arbeit erspart wird, kann dasselbe, ganz abgesehen von den ihm entgegenstehenden prinzipiellen Bedenken erheblichster Art, nicht rechtfertigen, weil es deutschen Rechtsanschauungen widerspricht, daß ein Urtheil theilweise von Anwälten bearbeitet wird.“ Es ist in der That schwer, auf diese Begründung nicht eine Satyre zu schreiben. Sehen wir ab von den nicht namhaft gemachten „principiellen Bedenken“, so bleibt als Grund nur übrig, „daß es deutschen Rechtsanschauungen widerspricht, daß ein Urtheil theilweise von Anwälten bearbeitet wird“. Ist denn aber der „Thatbestand“ des Falles wirklich ein Theil des richterlichen „Urtheils“? Hat

---

1) Der Verf. hatte in der Reichsjustizkommission beantragt, dem § 270 folgenden Zusatz zu geben: „Auch ist auf Antrag durch das Protokoll festzustellen, daß Erklärungen und Abweichungen der vorgedachten Art nicht vorgekommen sind.“ Der Antrag ward von den Regierungskommissaren und dem Abg. Becker-Oldenburg bekämpft und darauf abgelehnt.

der Richter darüber zu „urtheilen", was die Parteien vorgebracht haben? Nein! der Proceßstoff ist ein unveräußerliches Eigenthum der Parteien, und der Richter kann ihn nur etwa beurkunden. Wenn man aber statt dessen dem Richter die Befugniß giebt, diesen Proceßstoff den Parteien aus dem Munde zu nehmen und selbst nach seiner subjektiven Auffassung zu modeln, mit der Wirkung, daß damit nicht etwa blos für ihn selbst, sondern zugleich für die höheren Instanzen der Inhalt des Processes festgestellt wird, so widerspricht das erst recht deutscher Rechtsanschauung. Denn es ist die Kränkung eines Urrechts der Parteien.

Es wäre ja nicht so schwer gewesen, die Sache anders zu ordnen. Die französischen Qualitäten waren nur aus der Noth hervorgegangen, daß man keine Akten hatte. Sie bildeten gewissermaßen ein Surrogat der fehlenden Akten. Ließ man nun im deutschen Proceß die Schriften der Parteien sofort und bleibend an das Gericht gelangen, so wäre es das Natürlichste gewesen, diese Schriften als Grundlage des Thatbestandes zu benutzen. Für dasjenige, was neu in der mündlichen Verhandlung vorkam, hätte es am nächsten gelegen, die Anordnung zu treffen, daß es durch das Protokoll oder eine von der Partei sofort zum Protokoll eingereichte schriftliche Aufzeichnung fixirt werde. Selbst wenn man sich dazu nicht hätte entschließen können, vielmehr angeordnet hätte, daß ein solches neues Vorbringen nachträglich vom Richter in seinem Urtheile fixirt werde, so würde doch auch hierbei die Gefahr von Irrungen in hohem Maße gemindert gewesen sein; da alsdann der Richter das von ihm Aufgezeichnete ausdrücklich als vorgekommene Abweichung von den Schriftsätzen hätte konstatiren müssen. Nun machte sich aber die Idiosynkrasie geltend, mit welcher der neue Proceß durchweg die Schriften betrachtet. Und deshalb konnte man nicht weiter gelangen, als zu dem Satze, daß „bei Darstellung des Thatbestandes die Bezugnahme auf die Schriften nicht ausgeschlossen" sein solle. Das Reichsgericht aber glaubte der Sache zu dienen, wenn es aussprach, daß hiernach die Bezugnahme auf die Schriften nur „ausnahmsweise", und zwar nur dann statthaft sei, wenn die „Darstellung in den Schriften sich auf die wesentlichen Thatsachen beschränke und diese mit der gehörigen Präcision kennzeichne". Als ob nicht gerade dann, wenn die Parteien eine Fülle mehr oder minder unpräciser Thatsachen vorgebracht haben, die Gefahr eines vom Richter aufgestellten Thatbestandes am größten wäre! Oder glaubt man vielleicht, es sei ein Leichtes, in Processen dieser Art, bei denen doch die mündliche Verhandlung den Streitstoff in der Regel ebenso bringen wird, wie er auch in den Schriften enthalten ist, aus der Fülle der vorgebrachten Thatsachen die „wesentlichen" auszuscheiden und die unpräcis vorgebrachten in „präcise" umzusetzen? Die Entscheidungen des Reichsgerichts, welche dekretiren, daß nur noch wesentliche und präcise Thatsachen vor sein Forum gebracht werden dürfen, erinnern in der That an die Entscheidung des Regenten, welcher befand, daß das Deficit in den Staatsfinanzen abzustellen sei.

Es kann kein Wunder nehmen, daß gegen eine so unnatürliche Lehre in den dadurch belasteten Vorinstanzen eine gewisse Reaktion sich regt. Eine solche hat sich z. B. (wie auch schon beim Reichsgericht mißliebig empfunden worden ist) in Würtemberg gebildet. Man schreibt dort die gesammten Schriften als „Thatbestand" in das Urtheil hinein. Das ist freilich viel Schreiberei. Auch wird die Darstellung wohl nicht immer eine ganz „gedrängte" sein. Ist es aber einem Richter zu verübeln, wenn er auf diese Weise einer Verantwortlichkeit zu entgehen sucht, die man ohne jede innere Rechtfertigung von ihm in Anspruch nimmt?

Daß die Schriften der Parteien mitunter weitschweifig und mit nichtssagendem Stoffe angefüllt sind, daß das Lesen derselben deßhalb oft recht mühselig und langweilig ist: wer wollte das leugnen? Es ist deßhalb ohne Zweifel weit bequemer und angenehmer für den Richter höherer Instanz, wenn ihm der Proceßstoff in einem knappen Thatbestande gleichsam auf einem Präsentirteller gebracht wird. Aber die Bequemlichkeit des oberen Richters ist doch nicht der höchste Zweck des Processes; zumal wenn sie mit einer weit größeren Unbequemlichkeit des Richters der Vorinstanz erkauft werden muß. Auch möchte ich glauben, daß ein Richter höherer Instanz, welcher den Sinn für materielle Gerechtigkeit sich bewahrt hat, unmöglich sich dabei wohl fühlen kann, wenn er auf Grund eines solchen formell abgeschlossenen Thatbestandes den Rechtsfall entscheiden muß, während er bei einem Blick in die Akten sieht, daß die Sache in der That anders sich verhält und daß auch allen Umständen nach die Partei die Sache anders vorgetragen hat. Ein solcher Formalismus wirkt auf das Gerechtigkeitsgefühl geradezu ertödtend [1]).

Wir wissen aus den veröffentlichten Reichsgerichtsentscheidungen, wie häufig Urtheile in der Gefahr schweben, wegen unzureichenden Thatbestandes aufgehoben zu werden. Geschieht dies, so weist die höhere Instanz die Sache zur nochmaligen Verhandlung an die Vorinstanz zurück. Das heißt, der Proceß muß nun in dieser Instanz wiederholt werden, was den Parteien Zeit und Geld kostet. Denn wenn auch in der Vorinstanz keine Kosten entstehen, da Gericht und Anwälte die neue Arbeit umsonst thun müssen, — was für die Anwälte

---

[1]) Der Richter höherer Instanz, welcher durch einen unrichtigen Thatbestand der Vorinstanz sich gebunden findet, ist in ganz ähnlicher Lage, wie vordem der Richter, welcher durch ein rechtskräftiges Beweisinterlocut der Vorinstanz gebunden war.

auch nicht gerade angenehm ist — so muß doch, wenn demnächst von neuem die höhere Instanz beschritten wird, diese wieder von neuem bezahlt werden. Dieses Ergebniß, daß die Parteien genöthigt werden, wiederholt die Instanzen zu durchlaufen, kann aber auch ohne jeden die Vorinstanz treffenden Vorwurf aus der Lehre vom Thatbestand sich entwickeln. Wenn gegen eine Klage drei Einreden, a, b und c, vorgebracht werden, und die Vorinstanz hält schon die Einrede a zur Zurückweisung der Klage für ausreichend, so läßt sie nur über diese Einrede verhandeln und nimmt auch nur über sie einen Thatbestand auf. Gelangt nun die Sache an das Reichsgericht und erachtet dieses die Einrede a für unbegründet, so hebt es das Urtheil auf, kann aber natürlich nun über die Einreden b und c, weil es für diese an einem Thatbestand fehlt, nicht erkennen und weist deshalb die Sache wieder an die Vorinstanz zurück. Unter Umständen muß dann wegen der Einrede b und vielleicht auch c das Reichsgericht wiederholt angegangen werden. Der werthvollste Gedanke des modernen Processes, daß jeder Rechtsstreit, wenigstens in der Hauptsache, nur einmal durch die Instanzen zu laufen habe, wird damit bei Seite geschoben. Auch diese Gestaltung des Verfahrens ist ja für die höchste Instanz wohl bequem, für die Parteien aber sehr unbequem. Dennoch treten diese äußeren Unzuträglichkeiten, welche an die Lehre vom Thatbestand sich knüpfen, noch zurück gegen die ganze innere Ungerechtigkeit der Sache.

Endlich ist es gewiß auch nicht gleichgültig, daß mit der Anfertigung des Thatbestandes den Gerichten eine Last auferlegt wird, welche ihre Zeit und Kraft in hohem Maße, und zwar in der Regel ganz nutzloser Weise, in Anspruch nimmt. Natürlich mindert sich dadurch die Arbeitskraft des Richters für das Uebrige. Man kann, wenn man heute richterliche Urtheile sieht, schon oft die Bemerkung machen: ein fetter

Thatbestand, magere Entscheidungsgründe. Vielleicht könnte sogar eine nicht ganz unerhebliche Anzahl von Richtern erspart werden, wenn man das Richterpersonal von der nutzlosen Arbeit der Thatbestands-Anfertigung freigäbe [1]).

XII.

Der vorstehenden Erörterung der Fehler unserer Proceß-ordnung im Einzelnen habe ich nur noch wenig Allgemeines hinzuzufügen. Jene Fehler sind nicht von der Art, daß sie einen schlechten Proceß geradezu ernöthigten. Hätten wir lauter Richter und Anwälte von idealer Vollkommenheit, so wäre mit der Proceßordnung ganz gut zu operiren. Aber das wirkliche Leben hinkt kläglich her hinter den Idealfiguren jenes Auf-baues. Der Fehler des Gesetzes liegt darin, daß neben der Mög-lichkeit des Guten auch die Möglichkeit des Schlechten einen zu großen Spielraum hat. Ein jedes Gesetz hat ja mit der Un-

---

1) Es möge gestattet sein, diese ganze Ausführung an einem Beispiele zu erläutern. Vor kurzem ging durch die Zeitungen die Nachricht von einem in der Schweiz entschiedenen großen Proceß zwischen der Gotthard-bahn und dem Unternehmer des Gotthard-Tunnels, welcher nahezu 17 Mil-lionen Frank zum Gegenstand hatte. Zufällig bin ich in der Lage gewesen, diesen Proceß genau kennen zu lernen. Es handelte sich um eine Reihe von Ansprüchen und Gegenansprüchen, sämmtlich geknüpft an den neun-jährigen Verlauf des von allen möglichen Geschicken betroffenen Tunnel-baues. Fast jeder dieser Ansprüche gründete sich auf ein weitschichtiges thatsächliches Material. Es waren darüber sehr umfangreiche Schriften ge-wechselt. Einen solchen Proceß lediglich auf Grund einer mündlichen Ver-handlung entscheiden zu lassen, würde ein reines Hazardspiel sein. Nur mittels eines gründlichen Aktenstudiums kann in Fällen dieser Art der Richter den Stoff bewältigen. Es würde aber auch eine verzweifelte Auf-gabe gewesen sein, aus der Fülle der Thatsachen einen „Thatbestand" zu-rechtzumachen, der den Stoff abgeschlossen hätte. Und es würde nicht minder eine höhere Instanz in die schlimmste Lage gebracht haben, wenn sie auf Grund eines solchen Thatbestandes die Sache hätte entscheiden müssen, während ihr ein weit reicheres Material in den Schriften und Urkunden vor Augen gelegen. Solcher Processe, wenn auch nicht immer über so große Streitsummen, giebt es aber gar viele.

vollkommenheit der Menschen zu kämpfen; und wenn dadurch seiner guten Wirkung einigermaßen Abbruch geschieht, so liegt darin noch kein Vorwurf für das Gesetz. So ist es aber bei der Civilproceßordnung nicht. Sie kämpft nicht etwa einen vergeblichen Kampf gegen die Unvollkommenheiten der Menschen, sondern sie begünstigt diese Unvollkommenheiten dadurch, daß sie ihnen volle Freiheit gewährt. Alle schlechten Elemente der Justiz können sich frei bethätigen. Der träge Richter kann noch träger, der leichtfertige noch leichter, der zur Willkür geneigte noch willkürlicher sein. Und ähnlich ist es bei dem Anwaltstand. Alle diese schlimmen Neigungen deckt die Mündlichkeit mit ihrem großen dunkeln Schleier. Um die Wirkung hiervon zu erkennen, muß man sich nur erinnern, daß ein großer Theil der Menschen nur relativ gewissenhaft ist; d. h. daß ihre Gewissenhaftigkeit sich mindert, sobald sie ohne alle Kontrole ihren Neigungen nachgeben können. Wer es weiß, wie schwer es schon früher war, daß die besseren Elemente der Justiz gegen die minder guten die Oberhand behielten, der wird es nicht für gleichgültig erachten, wenn jetzt den letzteren freie Hand gelassen ist. Es ist auch nicht etwa zu erwarten, daß in dem bereits eingetretenen Kampfe die besseren Elemente die schlechteren überwinden werden. Im Gegentheil, das Beispiel der letzteren und die Macht der Bequemlichkeit wird die ersteren immer mehr zu den letzteren hinüberziehen. Unsere Justiz arbeitet nach dem System des Raubbaues. Die vorhandenen Kräfte zehren sich auf, ohne daß neue an ihre Stelle treten. Jetzt wird das Verfahren noch gehalten durch die Macht der Gewohnheit derjenigen, welche an ein solides Arbeiten gewöhnt sind. Wenn aber an die Stelle der Männer alter Schule erst die Referendare neuer Bildung herangetreten sind, wenn erst unsere Anwälte statt in sorgfältiger Bearbeitung der Sachen nur noch in einer ausgiebigen Redekunst ihre Stärke

—ſuchen, wenn unſere Richter nur noch nach dem „Eindrucke" der mündlichen Verhandlung urtheilen und ſich der Annehm= lichkeit bewußt ſind, den Thatbeſtand des Falles nach Belieben modeln zu können: dann wird man ſehen, was aus unſerer Rechtſprechung geworden iſt.

Daß heute eine Anzahl durchaus ehrenwerther Männer in dem neuen Verfahren ſich leidlich wohl fühlt, hat vor allem darin ſeinen Grund, daß ſie ſelbſt und vielleicht auch ihre näch= ſten Umgebungen ſich den nachtheiligen Einflüſſen deſſelben bisher entzogen haben. Sie fühlen ſich ſtark genug, um den Verſuchungen zu widerſtehen; ſie täuſchen ſich aber darin, wenn ſie glauben, daß alles ſo bliebe. Gleichwohl mehren ſich die Zeichen, daß man ſich bewußt wird, welchen Gefahren durch dieſen neuen Proceß, zumal in Verbindung mit noch einigen anderen neueren Einrichtungen, wir entgegentreiben. Ich habe namentlich von hervorragenden Anwälten (die zum Theil für die „volle Mündlichkeit" früher geſchwärmt hatten) die Aeußerung gehört, daß das neue Verfahren „wahrhaft demoraliſirend" auf den Richterſtand wirke. Von einem Anwalt, den ich bezüglich ſeiner Fähigkeiten und ſeines Characters ſehr hoch ſtelle, ging mir (nachdem er in den von mir herausgegebenen „Urtheilen des Reichsgerichts mit Beſprechungen" die Abhandlung über den „Thatbeſtand" geleſen) ein Schreiben folgenden Inhalts zu:

„Sie gehen in Ihren Ausführungen überall von der An= ſicht aus, daß die Proceſſe im Intereſſe der Parteien geführt, und daß deshalb eine Proceßordnung ſo gefaßt und möglichſt ſo gehandhabt werden müſſe, wie es das Intereſſe der Par= teien, das der Vernunft und der Findung des wirklichen Rechts erfordere. Sie werden ſich wohl darüber keine Illu= ſionen machen, daß dieſer Standpunkt veraltet iſt, oder wenigſtens nur beim Publikum, nicht bei der Maſſe der Ju= riſten, Vertreter findet. Wie es dem Architekten oft mehr um

die ſtylvolle Faſſade, als darum zu thun iſt, ein brauch-
bares Haus zu bauen, ſo handhabt man jetzt die Proceßordnung, mehr in der Tendenz, der Mündlichkeitsfaſſade, als
dem Parteirecht Genüge zu thun; und wenn eine Partei
darüber um ihr Vermögen kommt, tröſtet man ſich — nicht
ſie — mit dem Gedanken, daß es die liebe Mündlichkeit ſo
mit ſich bringe. Als ob der Verluſt von Geld und Gut
minder ſchmerze, wenn er im Wege mündlichen Verfahrens
zugefügt wird! — Und wenn doch wenigſtens das Princip
der Mündlichkeit eine wirkliche Faſſade des Gebäudes wäre!
In der That iſt ſie kaum mehr als eine Couliſſe, eine gemalte, erlogene Faſſade; und das Reichsgericht, inſoweit es
die Rechtſprechung auf das Mündlichkeitsprincip der Proceßordnung ſtützen will, gleicht einem Baumeiſter, der es unter-
nimmt, auf eine gemalte Theatercouliſſe, die eine Grund-
mauer vorſtellt, einen Steinbau zu errichten. Der Zuſammen-
bruch iſt hier wie dort unausbleiblich. — Unſer Proceß iſt ja
gemiſchter Natur; er hat Schriftlichkeit und Mündlichkeit.
Das Gerippe des Proceſſes aber, welches ihn befähigt, zu
gehen und zu ſtehen, iſt das Schriftliche, und wenn man in
deſſen Verkennung Alles auf die Mündlichkeit baſiren will,
dann ſtürzt das Syſtem zuſammen wie ein Menſch ohne
Knochen. Es giebt eine rudis indigestaque moles, mit der
nichts anzufangen iſt. Das Mündliche iſt meiſt nebenſächlich,
hier und da auch bloß dekorativ; letzteres z. B. in der Reviſionsinſtanz, im Kontumazialverfahren erſter Inſtanz.“

Soweit dieſe Zuſchrift. Ueber die Mündlichkeit wüßte
ich in der That nichts Beſſeres zu ſagen. Und auch die Kritik
der zur Zeit herrſchenden Richtung iſt zwar etwas herbe, aber
nicht ganz ungerecht. Wenn der Schreiber des Briefes darauf
hinweiſt, daß in der Reviſionsinſtanz die Mündlichkeit in der
That nur eine nebenſächliche, faſt dekorative Bedeutung habe,

so ist es vielleicht von Interesse, daran zu erinnern, wie in Frankreich das entsprechende Verfahren geordnet ist. Dort tritt in der That die Mündlichkeit in der Cassationsinstanz sehr zurück. Schon die Rekursschrift enthält eine ausführliche Darlegung der zu berücksichtigenden thatsächlichen und rechtlichen Gesichtspunkte. Das Gleiche gilt von der Antwort des Cassationsbeklagten. Nach geschehenem Schriftenwechsel wird ein Referent bestellt, der dem Gerichtshof den ganzen Sachverhalt vorträgt. Dann erst erfolgen die Vorträge der beiderseitigen Advokaten, welchen sich die Ausführung des Staatsanwalts anreiht. Das Gericht ist also schon vor dem Vortrage der Advokaten von der Sache unterrichtet, und der Referent, welcher das Urtheil gewöhnlich auch ausarbeitet, weiß, bevor noch die Advokaten gesprochen haben, ganz genau, worauf es ankommt. (Vergl. auch Schlink, Bd. I § 169 und 170. IIL) In Frankreich, dem Heimathlande des Mündlichkeitsprincips, hat man also doch sich gehütet, dieses Princip zu Tode zu hetzen. Nur uns war es vorbehalten, den Becher bis auf die Hefe zu leeren.

Vielleicht wird mancher fragen, warum denn alles hier Gesagte nicht früher geltend gemacht sei, ehe die Prozeßordnung Gesetz geworden? Wer die Strömung kennt, welche bis zum Erlaß dieses Gesetzes in den juristischen Kreisen vorherrschte, wird diese Frage nicht stellen. Es hat aber auch nicht ganz an warnenden Stimmen gefehlt. Namentlich tauchten einzelne aus dem preußischen Richterstande auf. Aber sie blieben ohne Einfluß. Auch Schreiber dieses hat in einer zur Bekämpfung der Aufhebung der Berufung verfaßten Schrift[1]) die Gefahren, welche der damals veröffentlichte Leonhardt'sche Entwurf in sich trug, so wie sie sich jetzt bewährt haben

---

1) „Das Rechtsmittel zweiter Instanz im deutschen Civilproceß." 1871.

deutlich gezeichnet. Wenn dort die Hoffnung ausgesprochen wurde, daß die Praxis diese Gefahren wohl überwinden werde, so geschah es in dem Sinne, in welchem man Unabwendbarem gegenüber Hoffnungen ausspricht, um möglichst günstig gestaltend auf die Zukunft zu wirken. Es möge mir aber gestattet sein, meine schon damals kundgegebene Voraussicht über die Wirksamkeit der neuen Proceßordnung im Ganzen hier wiederzugeben. Ich sagte: „Tritt der Entwurf ins Leben, so wird er in denjenigen Ländern, in welchen bisher ein sehr verwahrlostes Proceßverfahren bestanden hat, ohne Zweifel als Wohlthat empfunden werden. In denjenigen Ländern dagegen, wo bereits auf andere, größere Wahrheit in sich tragenden Grundlagen[1]) ein gut geordnetes Verfahren besteht — und als ein solches läßt sich doch wohl im großen Ganzen der Proceß in Preußen bezeichnen — wird das Verfahren des Entwurfs, trotz vieles Guten in seinen Einzelheiten, schwerlich befriedigen. Der Formalismus, welcher die Durchführung des Princips der Mündlichkeit in sich trägt, die Rechtsunsicherheit, welche sich darin fühlbar machen wird, daß die Parteirechte in so vielen Beziehungen rein vom Belieben des Gerichts abhängen, die schwerere Belastung der Anwälte ohne entsprechende Entlastung der Richter (mindestens der fleißigen) und ohne entsprechenden Nutzen für die Sache, die Gefährdung des materiellen Rechts durch die größere Abhängigkeit des Obsiegs von der Geschicklichkeit des Anwalts, die Vertheuerung der Processe, welche sich voraussichtlich daraus ergeben wird, daß alle Irrungen der völlig sich selbst überlassenen Anwälte den Parteien weit

---

1) An früherer Stelle war gesagt: „Die Mündlichkeit als P r i n c i p des Processes entbehrt der i n n e r e n W a h r h e i t. Ihr diese geben wollen, hieße in die ersten Anfänge der Rechtsbildung uns zurückversetzen.“

tiefer in den Geldbeutel hineinschlagen werden[1]), die Einführung eines so wenig gut erprobten Institutes, wie des der
Gerichtsvollzieher: das Alles wird nicht als Fortschritt empfunden werden, während man andrerseits bald gewahren wird,
daß auch die Mündlichkeit, für welche man Jenes hinnimmt,
keine Panacee abgiebt gegen die Schwächen der Rechtsprechung."
Ich möchte glauben, daß Viele diese Voraussage jetzt in allem
Wesentlichen bestätigt finden werden.

Ob man in maßgebenden Kreisen daran denkt, an unsern
Proceß bessernde Hand zu legen, weiß ich nicht. Die Aufgabe
wäre, dem durch die schlaffen Bestimmungen der neuen Ordnung aus Rand und Band gegangenen Verfahren wieder einen
festeren Halt zu geben. [Es gälte, neben der mündlichen Rede
der Schrift zu ihrem natürlichen Rechte zu verhelfen und dadurch den Proceß wieder auf eine solide Grundlage zu stellen.
Es gälte nicht minder, die Parteien von der Bevormundung
zu befreien, welche der Richter durch Aufstellung des Thatbestandes übt. Für diese Zwecke würde es nicht einer umfassen-
den Umarbeitung der Proceßordnung bedürfen. Es würden
verhältnißmäßig wenige Bestimmungen ausreichen. Hier soll
nicht versucht werden, solche Bestimmungen zu formuliren.
Ist man über die Ziele im Klaren, so wird es nicht schwer sein,
die Mittel zu finden. Bleiben die Zustände, wie sie gegen-
wärtig sind, so wage ich vorauszusagen, daß im Laufe eines
Menschenalters der Werth unserer Rechtsprechung durch die
Verlotterung des Processes tief gesunken sein wird.

Man wird vielleicht sagen, die Sache sei doch nicht allzu
tragisch zu nehmen. Das thue ich auch nicht. Angesichts der Erfahrungen, welche ich, seitdem mein Blick in Deutschland sich
erweitert hat, gemacht habe, daß nämlich auch bei einer Recht-

---

1) An das preußische Gesetz vom 1. Mai 1875 und an die Reichsgesetze
von 1878 und 1879 über die Gerichts- und Anwaltsgebühren war hierbei
natürlich noch nicht gedacht.

sprechung von sehr mäßiger Güte das öffentliche Leben unge-
stört weiter fließt, sind meine Anschauungen über die Bedeutung der Justiz sehr herabgestimmt. Das allgemeine Interesse wird jetzt von ganz anderen tiefgreifenden Fragen weit
mehr in Anspruch genommen, als von allen Justizfragen. Viele
halten die Justiz — vielleicht nicht ohne alle Schuld der Juristen — für einen Posten, den man möglichst bei Seite zu
schieben habe. Hat man doch den höchsten deutschen Gerichtshof in eine Provinzialstadt, die schon längst aufgehört hat,
ein „klein Paris" zu sein, verwiesen, wo er Gefahr läuft, in
sich selbst zu versauern. Dennoch würde ein Herabsinken der
Justiz nur bis zu einem gewissen Maße ohne schweren Schaden
ertragen werden können. Unser ganzes öffentliches Leben beruht auf der stillschweigenden Zuversicht, daß das Recht in der
Justiz einen zureichenden Schutz finde. Wo diese Zuversicht
wiche, würde man eine Empfindung haben, als ob der feste
Erdboden wankte. Man wird sich erinnern, daß vor nicht
langer Zeit in Cincinnati das Gerichtshaus vom Volke ge-
stürmt wurde, weil in Widerspruch mit dem öffentlichen Rechts-
gefühl die dortige Justiz zu wiederholten Malen Mörder mit
einer so gelinden Strafe abkommen ließ, daß niemand mehr
seines Lebens sich sicher fühlte. Traurigere Zustände, als solche,
wo das allgemeine Rechtsbewußtsein in offener Empörung
gegen die Justiz sich erhebt, lassen sich kaum denken. Gewiß
sind wir von solchen Zuständen zur Zeit weit entfernt. Aber
erachtet man es für absolut unmöglich, daß sie auch bei uns
eintreten könnten? Die schwächliche Art und Weise, wie bei
uns mitunter die Strafjustiz ausgeübt wird, giebt schon heute
zu manchen Befürchtungen Anlaß. Allerdings werden die
Fehler der Justiz, welche Zustände jener Art herbeiführten, vorzugsweise Fehler des Charakters sein. Die oben geschilderten
Gefahren sind aber solche, die nicht allein die Intelligenz,

sondern auch den Charakter des Juristenstandes gefährden; ganz abgesehen davon, daß die höhere Intelligenz stets auch die beste Stütze des Charakters ist. Gewöhnt sich unsere Justiz daran, die ihr anvertrauten Interessen oberflächlich und gleichgültig zu behandeln; wird unser Richterstand einerseits zur Willkür, andererseits zu einem die materielle Gerechtigkeit hintansetzenden Formalismus erzogen, so sinkt damit der Juristenstand nicht blos intellektuell, sondern auch moralisch. Käme es einmal wirklich dahin, daß das allgemeine Vertrauen, welches die deutsche Justiz jetzt besitzt und mit schwerer langjähriger Arbeit errungen hat, wiche, dann würde man doch wieder an die Wahrheit des alten Spruches erinnert werden: Justitia fundamentum regnorum.